Estudos Espíritas

Divaldo Pereira Franco

Estudos Espíritas

Pelo Espírito
Joanna de Ângelis

Copyright © 1982 *by*
FEDERAÇÃO ESPÍRITA BRASILEIRA – FEB

9ª edição – Impressão pequenas tiragens – 6/2024

ISBN 978-85-7328-678-6

Todos os direitos reservados. Nenhuma parte desta publicação pode ser reproduzida, armazenada ou transmitida, total ou parcialmente, por quaisquer métodos ou processos, sem autorização do detentor do *copyright*.

FEDERAÇÃO ESPÍRITA BRASILEIRA – FEB
SGAN 603 – Conjunto F – Avenida L2 Norte
70830-106 – Brasília (DF) – Brasil
www.febeditora.com.br
editorial@febnet.org.br
+55 61 2101 6161

Pedidos de livros à FEB
Comercial
Tel.: (61) 2101 6161 – comercial@febnet.org.br

Adquirindo esta obra, você está colaborando com as ações de assistência e promoção social da FEB e com o Movimento Espírita na divulgação do Evangelho de Jesus à luz do Espiritismo.

Dados Internacionais de Catalogação na Publicação (CIP)
(Federação Espírita Brasileira – Biblioteca de Obras Raras)

A582e   Ângelis, Joanna de (Espírito)
         Estudos espíritas / pelo Espírito Joanna de Ângelis; [psicografado por] Divaldo Pereira Franco. – 9.ed. – Impressão pequenas tiragens – Brasília: FEB, 2024.
         180 p.; 21 cm.
         ISBN 978-85-7328-678-6

         1. Espiritismo. 2 Obras psicografadas. I. Franco, Divaldo Pereira, 1927–. II. Federação Espírita Brasileira. III. Título.

                                                CDD 133.93
                                                CDU 133.7
                                                CDE 80.03.00

Sumário

Estudos Espíritas 7

1. Deus *13*
2. Universo *20*
3. Espírito *27*
4. Perispírito *32*
5. Corpo somático *39*
6. Viver *47*
7. Morrer *54*
8. Renascer *60*
9. Progresso *70*
10. Lei *75*
11. Trabalho *81*
12. Solidariedade *89*
13. Tolerância *97*

14. Fé *102*

15. Esperança *106*

16. Caridade *110*

17. Felicidade *116*

18. Mediunidade *125*

19. Obsessão *131*

20. Sexo *139*

21. Amor *145*

22. Moral *150*

23. Educação *155*

24. Família *161*

25. Jesus *167*

Estudos Espíritas

"Espíritas! amai-vos, este o primeiro ensinamento; instruí--vos, este o segundo. No Cristianismo encontram-se todas as verdades; são de origem humana os erros que nele se enraizaram. Eis que do além-túmulo, que julgáveis o nada, vozes vos clamam: 'Irmãos! nada perece. Jesus Cristo é o vencedor do mal, sede os vencedores da impiedade.'" — O Espírito de Verdade. (Paris, 1860.)

ALLAN KARDEC (*O evangelho segundo o espiritismo*, cap. VI, item 5.)

No vórtice da vida tecnicista, o homem moderno delira.

Sonhando com os astros que deslizam em órbitas imensuráveis, enclausura-se nas limitadas conjunturas das paixões dissolventes; aspirando à liberdade em regime de plenitude, escraviza-se aos condicionamentos que o vergastam, incessantemente; lutando pela paz do mundo, promove guerras cruentas nas paisagens domésticas; esparzindo ideais, fixa-se às idiossincrasias em que padece atribulações sem conto; heroico nos momentos de valor, recua nos embates insignificantes, que terminam por vencê-lo; detentor da razão, arrasta-se pelos meandros sórdidos do instinto em que se demora...

As conquistas externas de modo algum lograram acalmá-lo interiormente e a comodidade, na vertigem a que se entrega, não conseguiu felicitá-lo, conforme desejava.

Por tais motivos, legiões de desditosos, diariamente, sucumbem na astenia decorrente dos distúrbios da emoção desgovernada, e o ódio, a ira, a inquietação, a ansiedade, em consequência, matam mais do que o câncer e a tuberculose...

Outros tantos, idiotizados, enlanguescem nos leitos das casas de repouso, apáticos, vencidos, enquanto não menor número é internado à força nos manicômios. Além desses, multidões desesperadas atropelam-se nas avenidas formosas das hodiernas megalópoles, tanto quanto nas rotas humildes dos campos, sob as imperiosas constrições da loucura em matizes variados, que as surpreendem...

A seara dos homens, embora recamada de promessas e referta de ilusões douradas, apenas tem ensejado uma sega de exacerbações em sarçal infeliz, cada vez mais ameaçador.

Antecipando estes tormentosos dias, Jesus prometeu o *Consolador* que, há mais de um século, triunfalmente, inaugurou a Era Espírita entre os homens, conclamando-os à renovação e à felicidade real.

Com Allan Kardec se confirmaram os prenúncios dos dias felizes a que se reporta a Boa Nova. A mensagem de que se fez vexilário restaura a pureza do Cristianismo, retirando os erros que nele foram introduzidos pela estultícia humana, como da ganga o garimpeiro hábil recolhe o diamante precioso.

Estudar o Espiritismo na sua limpidez cristalina e sabedoria incontestável é dever que não nos é lícito postergar, seja qual for a justificativa a que nos apoiemos.

Cada conceito necessariamente examinado reluz e clarifica o entendimento, facultando mais amplas percepções, acerca da vida e dos seus fenômenos.

Foram ditas já as palavras primeiras, favorecendo a multiplicidade de realizações edificantes, concitando o homem à grandeza e à paz.

Seus conceitos fulgentes são convites ao amor e chamamentos à sabedoria, cultura do sentimento e da razão num intercâmbio exitoso para a libertação do coração e da inteligência, por meio do qual o Espírito se alça a Deus.

Os estudos que ora reunimos em despretensioso volume são o resultado de nossas meditações nos ensinamentos superiores de algumas das obras básicas da Codificação do Espiritismo. Para trazê-los à atenção dos aprendizes da Doutrina Espírita, atualizamos conceitos, compulsamos dados modernos, examinamos conquistas recentes, comparamos observações, tentando sintetizar os resultados que ora apresentamos em forma e estilo diversos dos a que se acostumaram os nossos leitores, num esforço carinhoso para colimar resultados felizes.

Não nos estranhem, portanto, os amigos e irmãos afeiçoados, tais características diferentes das habituais...

Reconhecemos que tais apontamentos nada trazem de novo, nem acrescentam à coroa de diamantes estelares lucilantes do pensamento kardequiano qualquer significativa contribuição.[1] Visamos com eles cooperar de algum modo na Seara

---

[1] Nota do autor espiritual: Algumas destas páginas foram publicadas oportunamente em *Reformador*, órgão da Federação Espírita Brasileira, aqui reaparecendo com os temas que lhes motivaram o estudo.

Espírita, no sentido de destacar, dentre os múltiplos assuntos já versados, alguns de intensa atualidade, discutidos em praça pública, debatidos nas escolas, cinema e televisão, temas obrigatórios das conversações dos jovens, adultos e anciãos, entre aqueles que, desesperadamente, buscam respostas para os imensos conflitos da razão e da emoção, em todas as partes da Terra de hoje, após a falência das religiões como da ética...

∼

Contam que um jovem sedento de afirmação espiritual procurou certa vez o pensador e sacerdote hebreu Shammai e o interrogou:

— Poderias ensinar-me toda a *Bíblia* durante o tempo em que eu possa quedar-me de pé, num só pé?

— Impossível! — respondeu-lhe o filósofo religioso.

— Então de nada me serve a tua doutrina — redarguiu o moço.

Logo após buscou Hilel, o famoso doutor, propondo-lhe a mesma indagação. O mestre, acostumado à sistemática da lógica e da argumentação, mas também conhecedor das angústias humanas, respondeu:

— Toma a posição.

— Pronto! — retrucou o moço.

— Ama! — elucidou Hilel.

— Só isso?! E o resto, que existe na *Bíblia*? — inquiriu apressadamente.

— Basta o amor — concluiu o austero religioso. — Todo o restante da *Bíblia* é somente para explicar isso.

∼

À semelhança daqueles dias, os atuais exigem respostas incisivas e concisas. Diz-se que não há tempo.

A Seara Espírita possui as sementes para todos os seminários e plantações da fé como do raciocínio, na multiplicidade de exigências em que se apresentam.

Adentrar a mente e o coração nas suas leiras ricas de luzes é o mister a que nos devemos afervorar com devotamento, enquanto a oportunidade é propícia.

Entregando estas páginas ao estudioso das questões espirituais, exoramos a proteção do Senhor da Seara para todos nós, Espíritos necessitados que reconhecemos ser, esperando com elas atender alguém sedento de esperança ou esfaimado de amor, ofertando-lhe a linfa refrigerante e o pábulo da vida, com ele seguindo pelo caminho de redenção na direção do Reino de Deus.

JOANNA DE ÂNGELIS
Salvador (BA), 5 de maio de 1973.

1

Deus

Conceito

Toda e qualquer tentativa para elucidar a magna questão da divindade redunda sempre inócua, senão infrutífera, traduzindo esse desejo a vã presunção humana, na incessante faina de tudo definir e entender.

Acostumado ao imediatismo da vida física e suas manifestações, o homem ambiciona tudo submeter ao capricho da sua lógica débil, para reduzir à sua ínfima capacidade intelectual a estrutura causal do Universo, bem assim as fontes originárias do Criador.

Desde tempos imemoriais, a interpretação da divindade tem recebido os mais preciosos investimentos intelectivos que se possam imaginar. Originariamente confundido com a sua obra, [Deus] mereceu ser temido pelos povos primitivos que legaram às culturas posteriores a sedimentação supersticiosa das crendices em que fundamentavam o seu tributo de adoração, transitando mais tarde para a humanização da divindade mesma, eivada pelos sentimentos e paixões transferidos da própria mesquinhez do homem.

À medida, porém, que os conceitos éticos e filosóficos evoluíram, a compreensão da sua natureza igualmente experimentou consideráveis alterações. Desde a manifestação feroz à dimensão transcendental, o conceito do Ser supremo recebeu de pensadores e escolas de pensamento as mais diversas proposições, justificando ou negando-lhe a realidade.

Insuficientes todos os arremedos filosóficos e culturais, quanto científicos, posteriormente, para uma perfeita elucidação do tema, concluiu-se pela legitimidade da sua existência, graças a quatro grupos de considerações, capazes de demonstrá-lo de forma irretorquível e definitiva, a saber: a) *cosmológicas*, que o explicam como a Causa Única da sua própria causalidade, portanto real, sendo necessariamente possuidor das condições essenciais para preexistir antes da Criação e sobre-existir ao sem-fim dos tempos e do Universo; b) *ontológicas*, que o apresentam perfeito em todos os seus atributos e na própria essência, explicando, por isso mesmo, a sua existência, que, não sendo real, não justificaria sequer a hipótese do conceito, deixando, então, de ser perfeito. Procederam tais argumentações desde Santo Anselmo, dos primeiros a formulá-las, enquanto as de ordem cosmológica foram aplicadas inicialmente por Aristóteles, que o considerava o "Primeiro motor, o motor não movido, o Ato puro", consideração posteriormente reformulada por Santo Tomás de Aquino, que nela fundamentou a quase totalidade da teologia católica; c) *teleológicas*, mediante as quais o pensamento humano, penetrando na estrutura e ordem do Universo, não encontra outra resposta além daquela que procede da existência de um Criador. Ante a harmonia cósmica e a beleza, quanto à grandeza matemática e estrutural das galáxias e da vida, uma resultante única surge: tal efeito procede de uma Causa perfeita e harmônica, sábia e infinita; d) *morais*, defendidas por Immanuel Kant, inimigo acérrimo das demais, que, no entanto, eram apoiadas por Spinoza,

Bossuet, Descartes e outros gênios da fé e da razão. Deus está presente no homem, mediante a sua responsabilidade moral e a sua própria liberdade, que lhe conferem títulos positivos e negativos, conforme o uso que delas faça, do que decorrem as linhas mestras do dever e da autoridade. Essa presença na inteligência humana, intuitiva, persistente, universal, faz que todos os homens de responsabilidade moral sejam conscientemente responsáveis, atestando assim, inequivocamente, a realidade de um Legislador Absoluto, Suprema Razão da Vida.

Olhai o firmamento e vede a obra das suas mãos, proclama o salmista Davi, no canto dezenove, verso primeiro, conduzindo a mente humana à interpretação teleológica, cosmológica e cosmogônica, para entender Deus.

Examina a estrutura de uma molécula e o seu finalismo, especialmente diante do ADN, do ARN de recente investigação pela Ciência, que somente pouco a pouco penetra na essência constitutiva da forma, na vida animal, e a própria indagação responde silogisticamente de maneira a conduzir o inquiridor à causa essencial de tudo: Deus!

Outros grupos de estudiosos classificam os múltiplos argumentos em ordens diferentes: metafísicos, morais, históricos e físicos, abrangendo toda a gama do existente e do concebível.

Desenvolvimento

Diversas escolas filosóficas do século passado desejaram padronizar as determinações divinas e a própria divindade em linhas de fácil assimilação, na pretensão de limitarem o ilimitado. Outras correntes de pesquisadores aferrados a cruento materialismo, na condição de herdeiros diretos do *Atomismo* greco-romano, do pretérito, descendentes, a seu turno, de *Lord* Bacon, como dos sensualistas e céticos dos séculos XVIII e XIX, zombando da fé ingênua e primitiva, escravizada nos dogmas ultramontanos dos religiosos do passado, tentaram aniquilar histórica e emocionalmente a existência de Deus, por incompatível com a razão, conforme apregoavam, mediante sistemas sofistas e conclusões científicas apressadas, como se a própria razão não fosse perfeitamente confluente com o sentimento de fé, inato em todo homem, como o demonstram os multifários períodos da História.

Sócrates já nominava Deus como "A Razão Perfeita", enquanto Platão o designava por "Ideia do Bem".

O neoplatonismo, com Plotino, propôs o renascimento do *Panteísmo*, fazendo "Deus, o Uno Supremo", que reviverá em Spinoza, não obstante algumas discussões na forma de *Monismo*, que supera na época o *Dualismo* cartesiano. O monismo recebia entusiástico apoio de Fichte, Hegel, Schelling e outros, enquanto larga faixa de pensadores e místicos religiosos empenhava-se na sobrevivência do *Dualismo*.

Mais de uma vez alardeou-se que "Deus havia morrido", proclamando-se a desnecessidade da fé como da sua paternidade, para, imediatamente, reiteradas vezes, com a mesma precipitação, voltarem esses negadores a aceitar a sua realidade.

A personagem concebida por Nietzsche, que sai à rua difundindo haver "matado Deus", chamando a atenção dos passantes, após o primeiro choque produzido nos círculos literários e intelectuais do mundo, no passado, estimulou outras mentes à negação sistemática. Fenômeno idêntico acontecera no século anterior, quando os convencionais franceses, supondo destruir Deus, expulsaram os religiosos de Paris e posteriormente de todo o país, entronizando a jovem Candeille, atormentada bailarina do Ópera, como a *Deusa Razão*, que deveria dirigir os destinos do pensamento intelectual de então, ante Robespierre e outros, em Notre-Dame. Logo, porém, depois de múltiplas vicissitudes, o curto período da *Razão* fez que Deus retornasse à França, e muitos dos seus opositores a Ele se renderam, declarando haver voltado ao seu regaço, cabisbaixos, arrependidos, melancólicos. Deus vencia, mais uma vez, a prosápia utopista da ignorância humana!

Repetida a experiência no último quartel do "século das luzes", tornou a ser exilado da Filosofia e da Ciência por uns e reconduzido galhardamente por outros expoentes culturais da Humanidade.

Novamente, ante o passo avançado da tecnologia moderna, pela multiplicidade das ciências atuais, pretende-se um Cristianismo sem Deus, uma Teologia não teísta, fundamentada em cogitações apressadas, que pretendem levar o homem à "busca das suas origens", como desejando reconduzi-lo à furna, em vez de situá-lo na Natureza, mantê-lo selvagem por incapacidade de fazê-lo sublime.

Tal fenômeno reflete a apressada decadência histórica e moral das velhas instituições, na Terra de hoje, inaugurando uma Nova Era...

As construções sociais e econômicas em falência, as arquiteturas religiosas em soçobro, as aferições dos valores psicológicos e psicotécnicos negativamente surpreendentes, o descrédito inspirado pelos dominadores, em si mesmos dominados, pelos vencedores lamentavelmente vencidos pela inferioridade das paixões em que se consomem, precipitaram o agoniado espírito humano na *"busca do nada"*, das formas primeiras, rompendo com tudo, como se fora possível abandonar a herança divina inata indistintamente em todas as criaturas, para tentar esquecer, apagar e confundir a inteligência com os impulsos dos instintos, num contumaz e malsinado esforço de contraditório retorno às experiências primitivistas da forma, quando ainda nas fases longevas de formações e reformações biodinâmicas...

Concomitantemente, porém, surgem figurações morais, espirituais, místicas e científicas, sofrendo os embates que a dúvida e o ceticismo impõem, resistindo, todavia, estoicamente, na afirmação da existência de Deus, apoiadas pela Filosofia e Ética espíritas, que são as novas matrizes da Religião do Amor, pregada e vivida por nosso Senhor Jesus Cristo.

Conclusão

"Deus é Amor", afirmava João.

"Meu Pai", dizia reiteradamente Jesus, conceituando-o da forma mais vigorosa e perfeita que se possa imaginar.

E Allan Kardec, mergulhando as nobres inquirições filosóficas nas fontes sublimes da Espiritualidade Superior, recolheu por meio dos Imortais que *"Deus é a inteligência suprema, causa primária de todas as coisas"*, em admirável síntese, das mais felizes, completando a argumentação com a asserção de que o homem deve estudar *"as próprias imperfeições a fim de libertar-se delas, o que será mais útil do que pretender penetrar no que é impenetrável"*, concordante com o ensino do Cristo, em João: *"Deus é Espírito, e importa que os que o adoram, o adorem em espírito e verdade."*

~

Estudo e meditação

Onde se pode encontrar a prova da existência de Deus?
Num axioma que aplicais às vossas ciências. Não há efeito sem causa. Procurai a causa de tudo o que não é obra do homem e a vossa razão responderá.

Para crer-se em Deus, basta se lance o olhar sobre as obras da Criação. O Universo existe, logo tem uma causa. Duvidar da existência de Deus é negar que todo efeito tem uma causa e avançar que o nada pôde fazer alguma coisa.
(*O livro dos espíritos*, Allan Kardec. Questão 4.)

A existência de Deus é, pois, uma realidade comprovada não só pela revelação, como pela evidência material dos fatos. Os povos selvagens nenhuma revelação tiveram; entretanto, creem instintivamente na existência de um poder sobre-humano. Eles veem coisas que estão acima das possibilidades do homem e deduzem que essas coisas provêm de um ente superior à Humanidade. Não demonstram raciocinar com mais lógica do que os que pretendem que tais coisas se fizeram a si mesmas?
(*A gênese*, Allan Kardec. Cap. II, item 7.)

2
Universo

Proposição

É de todos os tempos o empenho audacioso do homem, no sentido de interpretar o Universo, entender o mecanismo das galáxias, e, consequentemente, da vida, no campo da forma.

Conceitos ingênuos, inspirados por emoções desvairadas e fantasias exorbitantes, constituíram por largos períodos de tempo como representações seguras da Engenharia Cósmica.

Dados matemáticos e estudos profundos, milenarmente reunidos, vêm pouco a pouco, porém, estabelecendo o plano inicial da mecânica celeste, em programado sonho de elucidar os perfeitos sistemas de mundos que gravitam nos espaços siderais.

De Tales, de Mileto, pesquisando a eletricidade do âmbar, a Faraday e Oersted, no campo eletromagnético, de Galileu, com as suas lunetas humildes, aos Drs. Frank Drake e K. Menon, desenvolvendo o "Projeto Ozma" por meio de um radiotelescópio parabólico de 26m, tentando escutar os sons provindos de Tau de Ceti e Epsílon de Erídano, a 112 trilhões de quilômetros de distância, vão-se estabelecendo novos recordes no estudo do Universo.

Todas as pesquisas têm, todavia, tentado estabelecer as linhas básicas mediante as quais surgiu o nosso Sistema Solar e, em decorrência disso, os demais sistemas espalhados pelos bilhões e bilhões de galáxias que se expandem pelo Infinito...

Até há pouco acreditava-se que os planetas eram consequências de "acidentes" decorrentes de colisões. Hoje, porém, concluiu-se que o nosso Sol como as demais estrelas são o resultado da "contração gravitacional de poeira e gás interestelares". No entanto, toda e qualquer proposição por mais fantástica, estruturada em cálculos surpreendentes, ainda resulta como pálido reflexo dos efeitos secundários que permitirão ao homem encontrar o Criador a revelar-se por meio da sua obra, conforme a afirmação de Allan Kardec.

Esquematização

Anaxágoras, quinhentos anos antes de Jesus, informava que "tudo quanto vemos é uma visão do invisível", introduzindo nos seus estudos filosóficos o espírito, e facultando às elucubrações do pensamento seguros dados para observações rigorosas no campo da forma. Logo depois, Demócrito, de Abdera, escrevia: "Doce e amargo, frio e quente, assim como as diversas cores, todas essas coisas só existem na opinião, e não na realidade; o que na verdade existe são partículas imutáveis, os átomos e seus movimentos no espaço vazio", abrindo o campo para divagações e estudos que culminariam nas profundas observações do matemático alemão Leibniz ou de Berkeley, ao afirmar: "Todo o conjunto do céu e o que guarnece a Terra, ou numa só palavra: todos os corpos que formam a poderosa estrutura do mundo não possuem qualquer substância senão a que lhes dê o espírito... Se eles não são realmente percebidos por mim, ou não existem em meu espírito, nem no de nenhuma outra criatura, de duas, uma: ou não têm existência ou subsistem apenas na mente de algum Espírito eterno."

Foi, todavia, mais tarde que se abandonaram as teorias mecânicas para que se adotassem as abstrações matemáticas, quando Max Planck apresentou a *Teoria dos Quanta*, objetivando resolver diversos problemas defrontados nos seus estudos sobre a radiação.

Aplicando a *Teoria dos Quanta*, Einstein conseguiu desvendar o efeito fotoelétrico, facultando à Física importantes observações.

Louis de Broglie sugeriu, então, que se "considerassem os elétrons não como simples partículas, mas como sistemas de ondas", modificando inteiramente o conceito vigente, no que foi apoiado por *Sir* James Jeans e Schroedinger, que desenvolveu a ideia sob um sistema matemático, que denominou por "mecânica ondulatória".

Posteriormente, Heinsenberg e Born desenvolveram novas técnicas matemáticas, conseguindo descrever os fenômenos quânticos em termos de ondas como em termos de partículas, modificando enormemente a filosofia da Ciência.

Einstein, discordando da Teoria do "éter" e do "espaço como sistema ou arcabouço fixo, em absoluto repouso, dentro do qual fosse possível distinguir o movimento absoluto ou relativo", reuniu tudo num postulado fundamental e apresentou a *Teoria da Relatividade*, que modificou completamente a conceituação do Universo mecânico, estruturando-o sobre outros dados. Prosseguindo em incessantes interpretações, concebeu depois a *Teoria do Campo Unificado*, que se transformaria logo mais numa verdadeira ponte entre os dois sistemas: do *Quanta* e da *Relatividade*.

Os estudos prosseguiram afanosos e a Ciência hoje consegue explicar com relativa segurança a formação das galáxias, da poeira cósmica e das estrelas, dos átomos e do mundo subatômico, todavia, tudo isto repousa no pressuposto real do que já existia: quanta de energia, nêutrons livres, essência cósmica ou o que se deseje denominar, constituindo o sublime Universo.

E foi por essa razão, após minuciosa análise, que o próprio Einstein asseverou: "Minha religião consiste em humilde admiração do espírito superior e ilimitado que se revela nos menores detalhes que podemos perceber com os nossos espíritos frágeis e duvidosos. Essa convicção profundamente emocional na presença de um poder raciocinante superior, que se revela no incompreensível universo, é a ideia que faço de Deus."

"[...] E Deus fez a luz" — afirmam as mais remotas tradições históricas do conhecimento, fundamentadas na análise dos livros religiosos da Humanidade, encarregados de interpretarem no seu simbolismo os movimentos primeiros da Criação, no nosso Sistema Solar. E ao fazer-se a luz, simplesmente foi facultado que o Sol aquecesse, iluminasse a Terra e os demais áulicos que gravitam em sua órbita, após, obviamente, tê-los elaborado e guindado nas leis da Gravitação Universal, em milênios e milênios, mediante os quais os Engenheiros Galáticos estabeleceram em seu nome as forças de atração e repulsão, que os sustentam nos planos espaciais.

Nos cem bilhões de sóis da Via Láctea e nos cem milhões de galáxias, que aproximadamente existem, na sua quase totalidade maiores que a nossa, palidamente se configuram os planos do Universo desafiando a inteligência humana, a fim de que o homem penetre no Amor e o amor responda sobre a grandeza da Vida, pois que todos os demais caminhos sem o amor conduzem, normalmente, à falência dos desejos e ambições, com pesados tributos de desenganos e frustrações.

Acompanhando a jornada de um átomo de carbônio pode-se isto compreender. Nasce ele invariavelmente numa estrela, em três etapas distintas. Quando dois prótons se chocam, um deles perde a carga elétrica e transforma-se num nêutron, formando uma outra substância, o deutério ou hidrogênio pesado. Mais tarde, esse núcleo capta outro próton e nêutron transformando-se em um núcleo de hélio. Esta é a primeira etapa. De quando em quando ocorre que três átomos de hélio chocam-se de uma só vez e formam, então, o núcleo de carbônio. Após essa segunda etapa a estrela explode, graças à pesada carga de átomos e estes são espalhados pelo oceano tênue do hidrogênio que invade o espaço. Por fim, quando uma nova estrela começa a formar-se desse hidrogênio, capta alguns dos átomos existentes de carbônio e de outros que reúne e os misturam na sua estrutura. Continua, então, esse átomo a jornada intérmina pelos diversos reinos da Natureza até um dia atingir o homem e perder-se no ar dos pulmões de algum ser, num turbilhão de aproximadamente dez octilhões de átomos (no pulmão humano), respirando-se, assim, o mesmo átomo que esteve em outros pulmões e poderá ser respirado por futuros seres. Esse átomo de carbônio está imutável, jornadeando há aproximadamente quatro bilhões de anos ou talvez mais, podendo desaparecer somente numa estrela nova, vitimado por colisões atômicas violentíssimas que o desagregarão, vindo a formar novos outros átomos...

Concepções mirabolantes, portanto, nascem cada dia e continuam chamando a atenção dos estudiosos para o Universo. Ora são os *quasares*, que emitem enormes quantidades de energia, ora outra são os *"buracos"*, fazendo que imaginações que raiam à ficção suspeitem que em setenta bilhões de anos, aproximadamente, do Universo nada mais existirá senão um imensurável "buraco negro"...

Dedução

"Não se turbe o vosso coração; crede em Deus, crede também em mim. Na casa de meu Pai há muitas moradas" — asseverou sabiamente Jesus, e após ensinar as lições da fraternidade e do amor partiu para o seu Reino, preparando para o homem — sua meta sublime, seu fanal! — a morada definitiva, onde a sombra, a dor e a morte, não possuindo dimensão ou legitimidade, são fantasmas desvanecidos pelo sopro da realidade.

Estudando a estrutura de um átomo a Ciência miniaturiza para o entendimento humano as possíveis constituições do Universo...

Acima, porém, e imediatamente, antes que o homem não se penetre da necessária capacidade de entender as gloriosas elaborações da "Casa do Pai", deverá mergulhar no labirinto de si mesmo e compreender a urgência de aplicar as regras do Evangelho de Jesus no comportamento diário, para habitá-la e fruí-la por fim, quando despojado da pesada indumentária dos parcos sentidos.

Estudo e meditação

É dado ao homem conhecer o princípio das coisas?
Não, Deus não permite que ao homem tudo seja revelado neste mundo.
Penetrará o homem um dia o mistério das coisas que lhe estão ocultas?
O véu se levanta a seus olhos, à medida que ele se depura; mas, para compreender certas coisas, são-lhe precisas faculdades que ainda não possui.

Não pode o homem, pelas investigações científicas, penetrar alguns dos segredos da Natureza?
A Ciência lhe foi dada para seu adiantamento em todas as coisas; ele, porém, não pode ultrapassar os limites que Deus estabeleceu.
(*Olivro dos espíritos*, Allan Kardec. Questões 17 a 19.)

∽

[...] Do mesmo modo, o Universo, nascido do Eterno, remonta aos períodos inimagináveis do infinito de duração, ao Fiat lux! *do início.*
O começo absoluto das coisas remonta, pois, a Deus. As sucessivas aparições delas no domínio da existência constituem a ordem da criação perpétua.
Que mortal poderia dizer das magnificências desconhecidas e soberbamente veladas sob a noite das idades que se desdobraram nesses tempos antigos, em que nenhuma das maravilhas do Universo atual existia; nessa época primitiva em que, tendo-se feito ouvir a voz do Senhor, os materiais que no futuro haviam de agregar-se por si mesmos e simetricamente, para formar o templo da Natureza, se encontraram de súbito no seio dos vácuos infinitos; quando aquela voz misteriosa, que toda criatura venera e estima como a de uma mãe, produziu notas harmoniosamente variadas, para irem vibrar juntas e modular o concerto dos céus imensos!
(*A gênese*, Allan Kardec. Cap. VI, itens 14 e 15.)

3
Espírito

Conceito

Individualidades inteligentes, incorpóreas, que povoam o Universo, criadas por Deus, independentes da matéria. Prescindindo do mundo corporal, agem sobre ele e, corporificando-se por meio da carne, recebem estímulos, transmitindo impressões, em intercâmbio expressivo e contínuo.

São de todos os tempos, desde a Criação, pois é infinita, sempre existiram e jamais cessarão. Constituem os seres que habitam tudo, no Cosmo, tornando-se uma das potências da Natureza e atuam na Obra divina como cooperadores, do que resulta a própria evolução e aperfeiçoamento intérmino.

Perdendo-se suas origens no intrincado da complexidade das leis, transcende ao entendimento humano o mecanismo de seu nascimento e formação, princípio inteligente que são, a glorificar a Obra de Deus em toda parte.

Indestrutíveis, jamais terão fim, não obstante possuindo princípio, quando a Excelsa Vontade os criou.

Dependendo do grau de seu desenvolvimento são imunes aos obstáculos de qualquer natureza material, por dotados de constituição específica, superior às organizações físicas, podendo irradiar-se em todas as direções e participar, simultaneamente, de inúmeros acontecimentos de uma só vez, sem qualquer prejuízo para a própria integridade.

Conotações

Buscando penetrar na realidade e constituição dos Espíritos, o que desvendaria os enigmas incontáveis da existência, os religiosos de todas as épocas estruturaram neles a base das afirmações éticas, estabelecendo a vida na Terra como consequência da vida espiritual, que sempre houve, mesmo sem a existência deste orbe. Dentro de tal premissa, a vida humana torna-se o resultado que decorre da outra, oportunidade que o Espírito usufrui para o crescimento, através de renascimentos sucessivos no corpo físico.

Doutrinas exóticas estabeleceram a concepção panteísta do Universo, por meio da qual os Espíritos seriam fragmentos de Deus, que a Ele se reintegrariam, desaparecendo, portanto, pela destruição da individualidade, nisto incluindo todas as coisas, como partes mesmas da Divindade.

Observações apressadas engendraram teorias outras, igualmente absurdas, tais a metempsicose, mediante a qual os Espíritos que se não houveram com equidade e nobreza na Terra a ela retornam, renascidos como animais inferiores.

Não há, porém, retrocesso nem regressão na escala espiritual, mediante a qual se adicionam experiências da evolução, armazenando-se conquistas, transferindo-se de uma para outra vida aprendizagens e realizações.

Sendo infinito o progresso, numa existência o ser aprimora uma qualidade, enquanto dormem determinadas aptidões, e assim, incessantemente.

Sem nos reportarmos às augustas fontes da informação mediúnica, na Antiguidade oriental, que hauriam nos Espíritos desencarnados o conteúdo de muitas das suas doutrinas religiosas e filosóficas, no século V, antes de Cristo, Tales, em Mileto, preocupado com o enigma da constituição da vida e particularmente da vida humana, interrogava sobre o Espírito e a Matéria. Ensejava-se compreender ou decifrar a problemática do ser, inaugurando, a partir de então, o pensamento metafísico que se iria desdobrar, logo depois, nas escolas *idealista* e *atomista*, que tentaram colocar balizas demarcatórias nos planos da Criação.

Inicialmente considerado o Espírito como princípio vital, sopro de vida, foi-se deslocando entre os gregos para uma diferenciação da alma, que seria a expressão das manifestações afetivas inferiores, enquanto ele passava à representação das afeições superiores, princípio mais elevado que o indivíduo.

A doutrina aristotélica já apresenta essa conceituação mais ou menos definida, dando origem à formação ideológica entre o caráter metafísico e o psicológico do Espírito.

Mesmo com o renascimento da doutrina neoplatônica entre os estudiosos de Alexandria, nos séculos V ao VII, formulando judiciosas conceituações perfeitamente cristãs, dentre as quais a reencarnação, o pensamento aristotélico predominaria, sendo desdobrado e aceito por Tomás de Aquino, que apoiava o dogma romano nos seus alicerces, a prejuízo da revelação espiritual do Cristo, por longos séculos, a partir da Idade Média.

Com Hegel, o Espírito foi colocado filosoficamente em termos compatíveis, porquanto foram excluídas todas as teorias que o tornavam "fixo e imutável", apresentando a hipótese da sua evolução, transformações e inter-relacionamentos de todos os fatos que o influenciam.

As escolas de pensamento, então surgidas, apresentam confirmações ao conceito *hegeliano* ou combatem-no por meio do materialismo, que reduz o Espírito a uma conquista da própria matéria que, progredindo das formas mais simples às mais complexas, num momento imprevisível adquiriu consciência.

A revolução tecnológica, porém, iniciada no último quartel do século XIX, reduziu a matéria à condição de "energia condensada", transformando laboratórios e gabinetes científicos de pesquisa material em santuários de investigação em que a mente, o *espírito*, passa a ocupar lugar de destaque, nos quais, pouco a pouco, o investigador consciente defronta a realidade do Espírito além da estrutura somática, a esta precedente e a ela sobrevivente.

Conclusão

Com a chegada do *Consolador*, conforme prometeu Jesus, por intermédio de Allan Kardec, o Espírito voltou a ser conceituado e tido na sua legítima acepção, demonstrando, pela insofismável linguagem dos fatos, a sua realidade, em vigoroso apelo ao pensamento e à razão, no sentido de fazer ressurgir a ética religiosa do Cristianismo. Por meio desse renascimento cristão, opõe-se uma barreira ao materialismo e aponta-se ao que sofre o infinito horizonte do amanhã ditoso que o espera, depois de vencidas as dificuldades do momento, superadas as limitações, Espírito que é, em marcha na direção da Verdade.

Estudo e meditação

Os Espíritos são seres distintos da Divindade, ou serão simples emanações ou porções desta e, por isto, denominados filhos de Deus?
Meu Deus! São obra de Deus, exatamente qual a máquina o é do homem que a fabrica. A máquina é obra do homem, não é o próprio homem. Sabes que, quando faz alguma coisa bela, útil, o homem lhe chama sua filha, criação sua. Pois bem! O mesmo se dá com relação a Deus: somos seus filhos, pois que somos obra sua.

(*O livro dos espíritos*, Allan Kardec. Questão 77.)

Ao mesmo tempo em que criou, desde toda a eternidade, mundos materiais, Deus há criado, desde toda a eternidade, seres espirituais. Se assim não fora, os mundos materiais careceriam de finalidade. Mais fácil seria conceberem-se os seres espirituais sem os mundos materiais, do que estes últimos sem aqueles. Os mundos materiais é que teriam de fornecer aos seres espirituais elementos de atividade para o desenvolvimento de suas inteligências.

(*A gênese*, Allan Kardec. Cap. XI, item 8.)

4

Perispírito

Conceito

Parte essencial do complexo humano, o perispírito ou psicossoma se constitui de variados fluidos que se agregam, decorrentes da energia universal primitiva de que se compõe cada orbe, gerando uma matéria hiperfísica, que se transforma em mediador plástico entre o Espírito e o corpo físico.

Graças à sua existência, a dualidade ancestral, Espírito e Matéria, se transformou em organização trina, em considerando a essencialidade de que se faz objeto, na sustentação da vida vegetativa e orgânica, de que depende o soma, como veículo da Alma, e, simultaneamente, pelas impressões que envia à centelha encarnada, que as transforma em aquisição valiosa, decorrente da marcha evolutiva.

Revestimento temporário, imprescindível à encarnação e à reencarnação, é tanto mais denso ou sutil, quanto evoluído seja o Espírito que dele se utiliza. Também considerado corpo astral, exterioriza-se através e além do envoltório carnal, irradiando-se como energia específica ou aura.

Por mais complexos cálculos se processem as técnicas para o estudo da irradiação perispiritual ou da sua própria constituição, faltam, no momento, elementos capazes de traduzir aquelas realidades, por serem, por enquanto, de natureza desconhecida, embora existente e atuante. Não é uma condensação de caos elétrico ou de forças magnéticas, antes, possui estrutura própria, maleável, em algumas circunstâncias tangível — como nas materializações de desencarnados, nas aparições dos *vivos* e dos *mortos*; atuante — nos transportes, nas levitações; ora ponderável, podendo aumentar ou diminuir o volume e o peso do corpo; ora imponderável, como ocorre nas desmaterializações e transfigurações.

Informe na sua natureza íntima, adquire a aparência que o Espírito lhe queira imprimir, podendo, desse modo, tornar-se visível em estado de sono ou de vigília, graças às potencialidades de que disponha o ser que o manipula.

Conhecido pelos estudiosos, desde a mais remota antiguidade, há sido identificado numa gama de rica nomenclatura, conforme as funções que lhe foram atribuídas, nos diversos períodos que duravam as investigações.

Desde as apreciáveis lições do *Vedanta* quando apareceu como *Manu*, *māyā* e *Kosha*, era conhecido no *Budismo esotérico* por *Kama-rupa*, enquanto no *Hermetismo egípcio* surgiu na qualidade de *Kha*, para avançar, na *Cabala hebraica*, como manifestação de *Rouach*. Chineses, gregos e latinos tinham conhecimento da sua realidade, identificando-o seguramente. Pitágoras, mais afeiçoado aos estudos metafísicos, nominava-o *carne sutil da alma* e Aristóteles, na sua exegese do complexo humano, considerava-o *corpo sutil* e *etéreo*. Os neoplatônicos, de Alexandria, dentre os quais Orígenes, o pai da doutrina dos princípios, identificava-o como *aura*; Tertuliano, o gigante inspirado da *Apologética*, nele via o *corpo vital da alma*, enquanto

Proclo o caracterizava como *veículo da alma*, definindo cada expressão os atributos de que o consideravam investido.

Na cultura moderna, Paracelso, no século XVI, detectou-o sob a designação de *corpo astral*, refletindo as pesquisas realizadas no campo da Química e no estudo paralelo da Medicina com a Filosofia, em que se notabilizou. Leibniz, logo depois, substituindo os conceitos panteístas de Spinoza pela teoria dos "átomos espirituais ou mônadas", surpreendeu-o, dando-lhe a denominação de *corpo fluídico*.

Outros perquiridores, penetrando a sonda da investigação no passado e no presente, localizam-no na tecedura da vida humana como elemento básico da organização do ser.

Perfeitamente consentâneo aos últimos descobrimentos, nas experiências de detecção por efluvioscopia e efluviografia, denominado *corpo bioplásmico*, o apóstolo Paulo já o chamava *corpo espiritual*, conforme escreveu aos coríntios (I Epístola aos Coríntios, 15:44), *corpo corruptível*, logo depois, na mesma epístola, verso 53, ou *alma*, na exortação aos companheiros da Tessalônica (I Epístola aos Tessalonicenses, 5:23), sobrevivente *à morte*.

Funções

Organizado por energias próprias e eletromagnéticas e dirigido pela mente, que o aciona conforme o estágio evolutivo do Espírito, no *corpo espiritual* ou perispírito estão as matrizes reais das funções que se manifestam na organização somática.

Catalisador das energias divinas, que assimila, é encarregado de transmitir e plasmar no corpo as ordens emanadas da mente e que procedem do Espírito.

Arquivo das experiências multifárias das reencarnações, impõe, na aparelhagem física, desde a concepção, mediante metabolismo psíquico muito complexo e sutil, as limitações, coerções, *punições*, ou faculta amplitude de recursos físicos e mentais, conforme as ações do estágio anterior, na carne, em que o Espírito se acumpliciou com o erro ou se levantou pela dignificação.

Interferindo decisivamente no comportamento hereditário, não apenas modela a forma de que se revestirá o Espírito, desde o embrião que se lhe amolda completamente, como reproduzindo as expressões fisionômicas e anatômicas, quando da desencarnação.

Graças às moléculas de que se forma, responde pelas alterações da aparelhagem fisiopsíquica, no campo das necessidades reparadoras que a Lei impõe aos Espíritos calcetas.

É o responsável pela irradiação da energia dos trilhões de corpúsculos celulares — essas pequenas usinas que se aglutinam ao império das radiações que lhes impõem a gravitação harmônica, na aparelhagem que constitui os diversos órgãos cuja forma e anatomia lhe pertencem, cabendo às células apenas o seu revestimento —, exteriorizando a aura e podendo, em condições especiais, modelar a distância o *duplo etéreo*, tornando-o tangível.

Graças à sua complexidade, conserva intacta a individualidade, através da esteira das reencarnações, e se faz responsável pela transmissão ao Espírito das sensações que o corpo experimenta, como ao corpo informa das emoções procedentes das sedes do Espírito, em perfeito entrosamento de energias entre os *centros vitais ou de força*, que controlam a aparelhagem fisiológica e psicológica e as reações somáticas, que lhes exteriorizam os efeitos do intercâmbio.

Nele estão sediadas as gêneses patológicas de distúrbios dolorosos, quais a esquizofrenia, a epilepsia, o câncer de variada etiologia, o pênfigo..., que em momento próprio favorece a sintonia com micro-organismos que se multiplicam desordenadamente e tomam de assalto o campo físico ou por meio de sintonias próprias, ensejando a aceleração das perturbações psíquicas de largo porte.

Em todo processo teratológico os fatores causais lhe pertencem. E, num vasto campo de problemas emocionais como fisiológicos, as síndromes procedem das tecelagens muito delicadas da sua ação dinâmica, poderosa.

Desde épocas imemoriais, a filosofia hindu, estudando as suas manifestações no ser reencarnado, relacionou-o com os *chakras*[2] ou centros vitais que se encontram em perfeito comando dos órgãos fundamentais da vida, espalhados na fisiologia somática, a saber: *coronário*, também identificado como a "flor de mil pétalas", que assimila as energias divinas e comanda todos os demais, instalado na parte central do cérebro, qual santuário da vida superior — sede da mente —, responsável pelos processos da razão, da morfologia, do metabolismo geral, da estabilidade emocional e funcional da alma no caminho evolutivo; *cerebral* ou *frontal*, que se encarrega do sistema endocrínico, do sistema nervoso e do córtice cerebral, respondendo pela transformação dos neuroblastos em neurônios e comandando desde os neurônios às células efetoras; *laríngeo*, que controla os fenômenos da respiração e da fonação; *cardíaco*, que responde pela aparelhagem circulatória e pelo sistema emocional, sediado entre o esterno e o coração; *esplênico*, que se responsabiliza pelo labor da aparelhagem hemática, controlando o surgimento e morte das hemácias, volume e atividade, na manutenção da vida; *gástrico*, que conduz a digestão, assimilação e eliminação dos alimentos encarregados da manutenção do corpo; *genésico*, que dirige o

---

[2] Nota da autora espiritual: Chakra — Palavra sânscrita que significa roda. Igualmente conhecida, em páli, como Chakka.

santuário da reprodução e engendra recursos para o perfeito entrosamento dos seres na construção dos ideais de engrandecimento e beleza em que se movimenta a Humanidade.

Incorporando experiências novas e eliminando expressões primitivas, é o fator essencial para o intercâmbio medianímico entre encarnados e desencarnados.

Moral e perispírito

Refletindo o pretérito do homem, na forma de tendências no presente, liberta-se das fixações negativas ou as avoluma, consoante a direção, que ao Espírito aprouver aplicar, dos recursos natos.

Toda experiência venal brutaliza-o, desequilibrando-lhe os centros vitais que, posteriormente, responderão com distonias e desordens variadas, em forma de enfermidades insolúveis.

As ações de enobrecimento e os pensamentos superiores, quando cultivados, oferecem-lhe potencialidades elevadas, que libertam das paixões, com consequente sublimação dos sentimentos que exornam o Espírito.

Não foi por outra razão que o Mestre recomendou cuidado em relação aos escândalos, às agressões mentais, morais e físicas, considerando melhor o homem entrar na Vida sem o membro escandaloso, do que com ele, como a afirmar que melhor é ser vítima do que fator de qualquer desgraça.

Possui todo Espírito os inestimáveis recursos para a felicidade como para a desdita, competindo-lhe moralizar-se, disciplinar-se, elevar-se, a fim de ascender à pureza, após a libertação das mazelas de que se impregnou.

∾

Estudo e meditação

O Espírito, propriamente dito, nenhuma cobertura tem, ou, como pretendem alguns, está sempre envolto numa substância qualquer?
Envolve-o uma substância, vaporosa para os teus olhos, mas ainda bastante grosseira para nós; assaz vaporosa, entretanto, para poder elevar-se na atmosfera e transportar-se aonde queira.
Envolvendo o gérmen de um fruto, há o perisperma; do mesmo modo, uma substância que, por comparação, se pode chamar *perispírito*, serve de envoltório ao Espírito propriamente dito.
(*O livro dos espíritos*, Allan Kardec. Questão 93.)

∽

[...] Somente faremos notar que no conhecimento do perispírito está a chave de inúmeros problemas até hoje insolúveis.
(*O livro dos médiuns*, Allan Kardec. Item 54.)

5
Corpo somático

Conceito

Genericamente, corpo é toda e qualquer quantidade de matéria, limitada, que impressiona os sentidos físicos, expressando-se em volume, peso... Aglutinação de moléculas — orgânicas ou inorgânicas — que modelam formas animadas ou não, ao impulso de princípios vitais, anímicos e espirituais. Estágio físico por onde transita o elemento anímico na longa jornada em que colima a perfeição, na qualidade de espírito puro...

O corpo humano, em razão de mutações, transformações, adaptações, condicionamentos filogenéticos e mesológicos, serve de domicílio temporário ao espírito que, por meio dele, adquire experiências, aprimora aquisições, repara erros, sublima aspirações.

Alto empréstimo divino, é o instrumento da evolução espiritual na Terra, cujas condições próprias para as suas necessidades fazem que pouco a pouco abandone as construções grosseiras e se sutilize, conseguindo plasmar futuros contornos e funções futuras, mediante o comportamento a que vai submetido no suceder dos tempos. Por enquanto, serve também de laboratório de experiências pelas quais os construtores da Vida, há milênios, vêm desenvolvendo possibilidades superiores para culminarem em conjunto ainda mais aprimorado e sadio.

Formado por trilhões e trilhões de células de variada constituição, apresenta-se como o mais fantástico equipamento de que o homem tem notícia, graças à perfeição dos seus múltiplos órgãos e engrenagens, alguns dos quais, autossuficientes, como o aparelho circulatório, que elabora até mesmo o que se faz preciso para o seu funcionamento e produtividade.

Atendido por notáveis complexos elétricos e eletrônicos, é autorreparador, dispondo dos mais perfeitos arquivos de microfotografia, nos centros da memória, que, se pudessem ser equiparados a uma construção com as atuais técnicas de miniaturização com que se elaboram os computadores, esses departamentos mnemônicos ocupariam uma área de aproximadamente 160.000 quilômetros cúbicos, tão somente para os bilhões de informações de uma única reencarnação... Ele pode, no entanto, mediante o perispírito que lhe vitaliza muitas evocações, reter e traduzir programações referentes a incontáveis jornadas pretéritas do Espírito em ascensão para Deus.

Aparelhado para as diversas atividades que se lhe fazem mister, dispõe do quanto lhe é imprescindível para as transformações e renovações que o mantêm com equipagem em funcionamento harmônico.

Qualquer ultraje que sofra se lhe imprime por processos muito sutis, incorporando-o aos tecidos constitutivos da sua eficiência em gravames e ofensas que o transtornam como cobrador honesto junto ao condutor leviano que o dirige em regime inadiável de urgência...

A sua valorização por meio das aspirações nobres vitaliza-o e equilibra-o com imperceptíveis melhoramentos que o mantêm e sustentam.

No conjunto endocrínico, por exemplo, sincroniza os mais perfeitos sistemas de elaboração de hormônios de que se tem conhecimento.

O cérebro — ainda por desbravar — só paulatinamente vai sendo utilizado, dispondo de áreas ainda não acionadas que são reservas formidandas para o futuro do homem...

Preciosas redes de capilares, microscópicos, colocados nas junções das artérias e das veias são deslumbrantes implementos de integração perfeita, realizando a sustentação das células, ajudando a eliminação dos tóxicos e sustentando os diversos departamentos vitais com o oxigênio salutar. Não obstante a sua insignificância aparente, são peças porosas que facultam ao oxigênio penetrá-los num sentido, enquanto por outro eliminam os produtos colaterais nitrogenados do metabolismo proteínico, culminando pelo preciosismo com que deixa passar uma substância aquosa que renova o banho líquido de que se nutrem as células, graças ao qual sobrevivem e se multiplicam...

Os departamentos dos sentidos, em câmaras excepcionais, recebem, traduzem e respondem todas as mensagens que lhes chegam, com a velocidade do pensamento, catalogando e descrevendo informações novas com que enriquece o patrimônio das suas aquisições. Mesmo quando, conscientemente, a memória não procede aos registros ou os sentidos parecem não os captar, a maquinaria sublime os anota e transfere para o subconsciente, que os armazena em depósitos especiais, dotados da capacidade de trazê-los de volta, oportunamente, ao celeiro da consciência atual sob estímulos próprios... Preservá-lo é mais do que dever — significa elevado compromisso de que ninguém se liberará levianamente ante a própria e a Consciência Cósmica, que tudo rege e conduz com suprema sabedoria e perfeição.

Histórico

Modernos biólogos e geneticistas fascinados com as conquistas do engenho atual, diante do corpo, sugerem, precipitados uns, levianos outros, alterações singulares e sonham com as possibilidades de poderem intervir, a golpe de audácia, na sua estrutura, interferindo no processo genético, por meios artificiais, em busca de resultados surpreendentes. Interpretando erradamente o conceito do Cristo de que somos *deuses*, pretende o homem, que crê, brincar de divindade, ele que, brincando, fomenta a guerra, a destruição, o egoísmo, por ainda não saber, sequer, brincar como homem. Os não crentes se refugiam na negação e propõem aventuras.

Difícil uma análise histórica, em síntese sobre o homem, um exame da sua organização somática pelos milênios incontáveis, desde as formas primárias em que a vida se manifestou no orbe quando os "fascículos de luz" da Divindade começaram a adensar-se nas manifestações iniciais da matéria viva...

O naturalista honesto, no entanto, fixado à complexa documentação paleontológica, embriológica, como a da Anatomia Comparada, apresenta o *lêmure* como o mais velho espécime conhecido, dentre os símios, do qual surgiu o *platirrino*, e, posteriormente, o *catarrino* que, em se bifurcando, deu origem ao *antropopiteco*, o *erectus*, que serviu de tronco ao ramo de que nasce o homem.

Antes, porém, distintas raças serviram de moldes ascendentes para a formação paulatina da organização do *Homo sapiens*. Foram elas as de *Grimaldi* (demonstrada por meio de dois esqueletos negroides, que foram descobertos na Riviera Italiana, próximo a Grimaldi); as do *Cro-Magnon* (quando encontraram os ossos de quatro homens, dolicocéfalos, com expressiva estatura, que teriam habitado grande parte da

Europa. Esse achado ocorreu no ano de 1868, na Dordonha, próximo a Eyzies, na França); e as de *Chancelade* (consideradas como do período Magdaleniano, que teria dado origem aos esquimós). Não obstante os antropólogos divergirem entre si, apresentando novos grupos e subgrupos em que sustentam as teorias esposadas, são aquelas as melhormente aceitas pela generalidade dos estudiosos do assunto.

Em 1950 Mayr sugeriu uma nova classificação para os hominídeos fósseis, simplificando, assim, as anteriores num único *Homo*, que se distribuiu em três classes: *transvaalensis*, *erectus* e *sapiens*, facultando novas pesquisas e valiosas anotações corroboradoras.

De Lineu, a Cuvier, a Blumenbach, as classificações se estereotiparam, cabendo ao sábio de Göttingen, baseado na Antropologia Física, poder oferecer maior contribuição ao pensamento moderno, especialmente por meio dos estudos craniológicos, a que empregou seus melhores esforços...

Simultaneamente, desde os primórdios do pensamento filosófico, o problema da evolução mereceu as mais expressivas contribuições. Com Heráclito, firmou-se o conceito dialético do mundo, inspirado na filosofia grega, que tudo reduzia a incessantes transformações, mediante as quais as espécies vivas eram mutáveis. Lucrécio, ao apresentar o seu *De Natura Rerum* descreveu poeticamente a Natureza e se tornou o precursor legítimo do *Darwinismo*, por meio da "seleção natural" e da "luta pela vida". Mais tarde, Buffon afirmou os princípios evolucionistas em oposição ao *fixismo* criacionista, facultando a Lamarck estabelecer a teoria dos seres vivos, donde se originou o *Transformismo*. Darwin, porém, culminou as pesquisas, já iniciadas, tornando-se o grande sistematizador e legítimo expositor da "concepção transformista da Natureza".

Hegel, simultaneamente, estabeleceu uma dialética concorde com tais princípios, em bases idealistas, cabendo a

Spencer uma visão mais ampla da *evolução*, que definiu como "Uma integração da matéria e uma dissipação concomitante do movimento, durante a qual a matéria passa de uma homogeneidade indefinida e incoerente a uma heterogeneidade definida e coerente, sofrendo, ao mesmo tempo, o movimento mantido e uma transformação paralela."

O pensamento hegeliano sustentou a teoria do materialismo dialético, então vigente. Logo depois, a *teoria mutacionista* propôs conceitos por meio dos quais as *mutações*, que seriam rápidas transformações, se fariam transmitir por hereditariedade, nunca, porém, provocadas pela ação mesológica, assim podendo facilitar, promover ou impedir as mesmas mutações, fazendo surgir, então, novos caracteres e ensejando a "seleção natural" darwiniana, na qual alguns caracteres sobreviveriam, enquanto outros desapareceriam. Os favoráveis à sobrevivência da espécie seriam, então, mantidos pela hereditariedade...

Indubitavelmente que os conceitos evolucionistas não podem hoje ser negados, graças à monumental comprovação da Ciência atual, nos vários campos em que se expressa.

Merece examinar, porém, que ao princípio espiritual, nas sucessivas reencarnações, se deve a transmissão às formas mais grosseiras, das *necessidades psíquicas*, que impõem o surgimento de órgãos e caracteres novos a se transmitirem por hereditariedade e se fixarem, seguindo o processo evolutivo incessantemente.

A princípio, o Espírito se encontrava em atrasada expressão, utilizando-se da forma *símio em transição* para fixar-lhe implementos novos, desde que a função precede o órgão e aquela procede do Espírito, que modela as formas próprias, de que precisa para crescer e produzir experiências não conhecidas.

À medida que as formas se aprimoravam, Espíritos mais bem credenciados impuseram-lhe atributos outros que constituíram, através dos milênios múltiplos e sucessivos, o corpo que hoje ainda serve de temporária morada para as edificações das futuras formas, com que a Humanidade progredirá no porvir, sob condições mais felizes, seguras e harmônicas.

Ao Espírito, que é o *ser*, se devem as exteriorizações somáticas que constituem o *não ser*.

Conclusão

Vasilhame sublime, é o corpo humano o depositário das esperanças e o veículo de bênçãos, que não pode ser desconsiderado levianamente.

Seja cárcere sombrio — na limitação em que retém o Espírito déspota, que dele se vale para a expiação; seja conjunto harmônico de formas — na distinção de traços com que faculta o aproveitamento das oportunidades; seja grabato de meditação — nas constrições paralíticas em que impõe profundas reflexões morais; seja cela de alucinação — nos desvarios da mente ultrajada; seja celeiro de sabedoria — no qual se edificam os monumentos da Cultura, da Arte, do Pensamento, da Ciência, da Fé, do Amor —, é sempre o santuário de recolhimento que o Excelso Criador nos concede, a fim de galgarmos os degraus da escada ascensional, desde as baixadas primeiras aos esplendores espirituais que nos estão destinados. Amá-lo, preservá-lo e utilizá-lo com nobreza é a tarefa que nos cabe desempenhar incessantemente, sem cansaço, para o próprio bem.

Estudo e meditação

O homem surgiu em muitos pontos do Globo?
Sim e em épocas várias, o que também constitui uma das causas da diversidade das raças. Depois, dispersando-se os homens por climas diversos e aliando-se os de uma aos de outras raças, novos tipos se formaram.
a) Estas diferenças constituem espécies distintas?
Certamente que não; todos são da mesma família. Porventura as múltiplas variedades de um mesmo fruto são motivo para que elas deixem de formar uma só espécie?
(*O livro dos espíritos,* Allan Kardec. Questão 53.)

~

Admitida essa hipótese, pode dizer-se que, sob a influência e por efeito da atividade intelectual do seu novo habitante, o envoltório se modificou, embelezou-se nas particularidades, conservando a forma geral do conjunto. Melhorados, os corpos, pela procriação, se reproduziram nas mesmas condições, como sucede com as árvores de enxerto. Deram origem a uma espécie nova, que pouco a pouco se afastou do tipo primitivo, à proporção que o Espírito progrediu. O Espírito macaco, que não foi aniquilado, continuou a procriar, para seu uso, corpos de macaco, do mesmo modo que o fruto da árvore silvestre reproduz árvores dessa espécie, e o Espírito humano procriou corpos de homem, variantes do primeiro molde em que ele se meteu. O tronco se bifurcou: produziu um ramo, que por sua vez se tornou tronco.
(*A gênese,* Allan Kardec. Cap. XI, item 16.)

6

Viver

Conceito

São as mais diversas as conceituações acerca do fenômeno da vida, variando de uns para outros autores, sempre ávidos de novas afirmações ou estribados em conquistas mais recentes. Os diversos pesquisadores discrepam entre si, na definição, considerando os fatores causais da vida, quando examinados sob severo rigor científico. Raramente, porém, é precisa ou definitiva a explicação apresentada.

Aristóteles foi dos primeiros pensadores a elaborar uma definição da vida, encarando-a sob as manifestações de nutrição, desenvolvimento e desgaste, possuindo em si mesma o fator causal, e, simultaneamente, a sua destruição, fator esse por ele denominado *enteléquia*.

Nos tempos modernos, Claude Bernard, o eminente fisiologista francês, concluiu pela impossibilidade de se definir a vida, tendo em vista a sua imponderabilidade, abstração.

Ocorre que os estudiosos em geral examinam a matéria orgânica (viva) e a inorgânica (inerte), pelas moléculas de que se constitui cada uma. E para tanto, remontam aos primórdios convulsionados do planeta, quando se deram as primeiras reações em cadeia, das quais a síntese das proteínas e ácidos nucleicos, sob a contingência de ininterruptas alterações, modificações e adaptações deu origem à estrutura de peças capazes de se nutrirem de matéria orgânica (heterotrofia) ou de substâncias simples por meio da energia luminosa (autotrofia) conhecidas como organismos, pela sua complexidade, possuidores das condições de se reproduzirem, promovendo atividades diversas e específicas, que seres de espécie diferente são incapazes de produzir.

Desenvolvimento

Ante a complexidade do problema, fascinante quão difícil, pensadores e filósofos, considerando as informações científicas escassas, recorreram às hipóteses metafísicas, tais o Animismo, o Vitalismo e as concepções de natureza físico-químicas, para melhores esclarecimentos sobre a vida.

O Animismo decorreu das observações do fenômeno da morte, quando o princípio vital ou alma se desprendia do corpo, reduzindo-o à condição cadavérica. Com Stahl, o Animismo logrou mais clara definição nos primeiros anos do século XVIII, tendo em vista expressar a alma, simultaneamente, o princípio do pensamento e da vida orgânica, com os recursos suficientes para produzir as peças, como também fazê-las atuar na organização somática.

Essa doutrina filosófica encontrou, logo depois, tremenda reação do Materialismo.

Todavia os mecanicistas, tais Descartes e Leibniz, opondo-se às duas correntes: Animismo e Materialismo, sugeriam uma diferença basilar. O primeiro via no mundo metafísico a predominância da alma, por intermédio do seu atributo essencial, o pensamento, e o mundo físico ou material onde domina a "extensão no espaço". O segundo afirmava que, embora independentes, alma e corpo mantinham uma identidade preestabelecida e relações extrafísicas, havendo fenômenos na alma como se não existisse o corpo e vice-versa.

Com Bordeu, na metade do século XVIII, o Animismo ficou descaracterizado e o Vitalismo passou a figurar como conceito doutrinário de caráter científico.

Para os vitalistas, todos os fenômenos vivos são dirigidos por um *princípio vital* independente da "alma pensante" como das "propriedades físico-químicas do organismo", o que constitui um *dualismo*, no qual Pitágoras como Aristóteles fazem diferir o princípio vital automático, vegetativo, encarregado de todos os fenômenos da vida (*psyché*) e a alma propriamente dita, incumbida da razão, atributo particular do ser humano — *nous*.

Outros nobres filósofos e médicos, simultaneamente, examinando o Vitalismo introduziram o conceito do *pneuma*, que dava origem nos pulmões por onde passava o sangue incumbido da vida de todo o organismo, como um princípio material, transcendente quase, na sua estrutura delicada e sutil.

A teoria recebeu conotações diversas, desde Paracelso e Van Helmont, divulgador da "teoria da geração espontânea", a Dumas (Charles-Louis), e, alterando-se sucessivamente em face dos novos atributos que lhe concediam, surgiu e ressurgiu inúmeras vezes.

Os conceitos físico-químicos a respeito da vida igualmente percorreram longas experiências até a sua integração nas pesquisas da Biologia Experimental. Do Atomismo ao Mecanicismo, do Iatromecanicismo de Borelli e Boerhaave, ao Iatroquimismo de Willis, culminou na teoria do Monismo, de Haeckel, com o domínio da substância universal, nas modalidades de matéria e energia.

Concomitantemente, os esculápios dos diversos séculos situaram a vida nos múltiplos órgãos, mediante concepções ingênuas, desde o antropocentrismo ao desconcentrismo, nos quais, respectivamente, procurou-se encontrar um núcleo diretor de todos os fenômenos da vida, na realidade orgânica.

Bohr, um dos pais da Física moderna, concebeu uma teoria que aplicou aos fenômenos vitais na condição de *complementaridade*, por meio da qual a vida, que resultaria de um complexo de processos físico-químicos, ora surge como um "dinamismo evolutivo", ora transcende a Físico-Química, sem independência, complementando-se os dois estados, algo semelhantes aos "aspectos ondulatórios ou corpusculares das entidades físicas".

Schrödinger, o teórico moderno da Física, ajustando esses conceitos à Biologia concluiu que os elementos fundamentais da vida são partículas microscópicas, resultantes da agregação de átomos.

Vida e Espiritismo

No que concerne às origens da vida no planeta terrestre, Oparin crê que os hidratos de carbônio são os encarregados da formação genérica dos organismos mais complexos. Duvalier e Desquin apresentaram, também, a teoria do efeito da fotossíntese primitiva como responsável pela vida, sem que fosse possível, em laboratório, comprovar a validade de uma ou outra afirmativa.

O estudo dos vírus e das alterações que podem sofrer vem contribuindo para melhor compreensão do fenômeno a respeito do surgimento da vida orgânica e sua complexidade na Terra.

Duas teorias fundamentais apresentavam-se capazes de elucidar a problemática: Criacionismo e abiogênese ou geração espontânea.

A primeira, estribada nas conceituações filosóficas e religiosas de um Deus criador, que tudo elaborou definitivo, organizado, e a segunda, que seria decorrente de um mecanismo de que se utilizara o Criador para o surgimento das formas vivas, de certo modo, complementando a anterior.

Francesco Redi, Spallanzani, Pasteur e outros demonstraram a inviabilidade da abiogênese, quando provaram, mediante experiências nas quais se impossibilitava a presença do ar e da poeira (carregados de bactérias e germens), nas infusões de carnes e caldos fervidos, que a vida não se originava de tais organismos.

O Criacionismo igualmente sofreu rudes combates por parte do Materialismo, em suas múltiplas facetas, ridicularizando a teoria de uma vida em biótipos concluídos, definidos, estruturados em padrões exatos.

O Transformismo, de Lamarck, embora elucidando as modificações dos seres vivos, não conseguiu estabelecer a origem da vida, não obstante a larga contribuição apresentada.

Com Darwin estabeleceram-se linhas características para o estudo da evolução, sem que fosse possível encontrar os pródromos causais da vida na Terra.

Teorias de que germens houvessem vindo de outros planetas, ou formas primitivas de vida aqui chegaram a aerólitos, ou poeira cósmica, foram abandonadas, em face dos modernos estudos da Astronomia. E se fossem exatas, essas opiniões, elas elucidariam não a gênese da vida, mas o seu surgimento na Terra.

Indubitavelmente, ante o impasse existente, a vida, a manifestar-se no protoplasma, tem o seu princípio construtor e mantenedor na "matéria cósmica primitiva" elaborada pelos

Angélicos Construtores do planeta, sob a égide do Cristo, o realizador e diretor do orbe terrestre.

Tal não ocorreu em um ponto único da Terra, mas, simultaneamente, em toda parte onde as condições permitiram, após as convulsões telúricas da imensa fornalha atômica, que sacudiram o planeta. Apareceram então os *semens* da vida, que repousaram no tépido abismo das águas oceânicas abissais, ali se aglutinando e tornando-se complexas, emergindo após, na busca do abençoado heliotropismo, para o ministério a que mais tarde se destinariam.

Provindos da imensa *geleia* que envolveu o planeta, no seu repouso, representava essa grandiosa massa a geratriz donde se originam, no fluido cósmico, todas as expressões gerais e vivas das diversas constelações do Universo.

Construtores Espirituais encarregados do mundo das formas, em experiências sucessivas no plano físico e no extrafísico, comandaram contínuas realizações até que se definisse a programática da evolução, partindo das construções simples às mais complexas e audaciosas estruturas inertes e vivas.

Os milênios e a operosidade incessante dos Excelsos Realizadores se encarregaram de elaborar o domicílio celular para o Espírito viver e crescer na busca intérmina de Deus.

Nascendo e renascendo ao impositivo da Sabedoria Cósmica, cresce o Espírito e se enriquece de conquistas que o alçarão à felicidade plena, como decorrência natural do empenho aplicado para a própria sublimação.

Milênios de sombra e de sensação nas formas primárias cedem lugar, pouco a pouco, às experiências da emoção superior, donde se erguerá às conquistas da intuição, a fim de lograr o perfeito entrosamento com a Consciência divina.

Até colimar esse objetivo elevado, faz-se mister a cada um mergulhar nas lições de vida eterna da Boa Nova, ao alcance de todos, de modo a haurir forças e coragem para o supremo desiderato, que nos fascina, atrai e conduz.

Estudo e meditação

Donde vieram para a Terra os seres vivos?
A Terra lhes continha os germens que aguardavam momento favorável para se desenvolverem. Os princípios orgânicos se congregaram, desde que cessou a atuação da força que os mantinha afastados, e formaram os germens de todos os seres vivos. Estes germens permaneceram em estado latente de inércia, como a crisálida e as sementes das plantas, até o momento propício ao surto de cada espécie. Os seres de cada uma destas se reuniram, então, e se multiplicaram.
(*O livro dos espíritos*, Allan Kardec. Questão 44.)

Esse fluido penetra os corpos, como um oceano imenso. É nele que reside o princípio vital que dá origem à vida dos seres e a perpetua em cada globo, conforme a condição deste, princípio que, em estado latente, se conserva adormecido onde a voz de um ser não o chama. Toda criatura, mineral, vegetal, animal ou qualquer outra — porquanto há muitos outros reinos naturais, de cuja existência nem sequer suspeitais — sabe, em virtude desse princípio vital e universal, apropriar as condições de sua existência e de sua duração.
(*A gênese*, Allan Kardec. Cap. VI, item 18.)

7
Morrer

Conceito

A problemática da morte é decorrência do desequilíbrio biológico e físico-químico essenciais à manutenção da vida. Fenômeno de transformação, mediante o qual se modificam as estruturas constitutivas dos corpos que sofrem ação de natureza química, física e microbiana determinantes dos processos cadavéricos e abióticos, a morte é o veículo condutor encarregado de transferir a mecânica da vida de uma para outra vibração. No homem representa a libertação dos implementos orgânicos, facultando ao espírito, responsável pela aglutinação das moléculas constitutivas dos órgãos, a livre ação fora da constrição restritiva do seu campo magnético.

Morrer, entretanto, não é consumir-se. Da mesma forma que a matéria se desorganiza sob um aspecto para reassociar-se em outras manifestações, o espírito se ausenta de uma condição — a de encarnado —, para retornar à situação primeira da sua existência, despido do corpo material.

A vida carnal é decorrência da existência do princípio espiritual e a vida poderia existir no espírito sem que houvesse aquela.

Morrer ou desencarnar, porém, nem sempre pode ser considerado como libertar-se. A perda do casulo celular somente liberta o espírito que estruturou o seu comportamento, quando no corpo, sem a dependência enlouquecedora deste. Os que se imantaram aos vigorosos condicionamentos materiais, utilizando a vestimenta física como veículo apenas para vaso de luxúria ou de egoísmo, qual instrumento de gozo incessante ou do orgulho, na expressão de castelo de força e de paixões, ante a desencarnação prosseguem vinculados aos vapores entorpecentes das emanações cadavéricas em lamentável e demorado estado de perturbação, sitiados pelas visões torpes da destruição dos tecidos, sofrendo a voragem dos vibriões famélicos, enlouquecidos entre as paredes estreitas da paisagem sepulcral.

A vida começa a perecer desde o momento em que se agregam as células para a mecânica do viver.

Vida e morte, pois, são termos da mesma equação do existir.

Não morre aquele que aspira ao amor e sonha com o Ideal da Beleza, entregue ao cultivo da virtude, no exercício da retidão. Não se acaba aquele que se entrega à vida, pois que mediante cíclicas mudanças do tono vibratório o espírito se traslada de corpo a corpo, de estágio a estágio evolutivo até alcançar a plenitude da vida na vitória estuante da Imortalidade.

Enquanto os processos abióticos são substituídos por novas atividades bioquímicas, o cadáver passando à fase da desintegração — autólise e putrefação —, o espírito que se educou para os labores de libertação encontra-se indene à participação do desconcertante fenômeno de transformação celular, não ocorrendo o mesmo com aqueles que transformaram o corpo em reduto de prazer ou catre de paixões de qualquer natureza.

Desenvolvimento

Porque representava a cessação do movimento externo com a consequente degenerescência da forma, a morte mereceu das civilizações do passado homenagens e tributos consideráveis.

Herdando do homem primitivo o culto de respeito, envolto em *mistérios*, e complexos rituais com os quais desejavam reverenciar na *morte* a força disjuntora da vida, essas civilizações, mediante enganosos conciliábulos pelos quais a personificavam como *deidade* facilmente subornável, ou mensageira da desgraça que se podia adiar, pensavam consegui-lo por meio desse comércio nefando e irracional.

Milenarmente *misteriosa* tem prosseguido no seu cortejo, semeando pavor e desconcerto emocional, reinando soberana.

Aplacando-lhe a ira e tentando evitar-lhe a visita inexorável celebraram-se nos diversos fastos do pensamento histórico solenidades soberbas, ora trágicas e deprimentes ou exaltadas a ponto de espicaçar o desinteresse pela vida, produzindo suicídios religiosos, em procissões pagãs, nas quais fanáticos cultivadores de aberrações veneravam seus deuses, atirando-se sob rodas denteadas, abismos profundos, fogueiras destruidoras ante o paroxismo da excitação de mentes primárias em exacerbação dos instintos...

Sob outro aspecto, porque se transformasse no umbral para o acesso ao *Desconhecido*, foi encarada como misterioso país de cujas fronteiras ninguém voltava, envolvendo-se-lhe o culto em absurdas fantasias.

O homem do período glaciário de Günz, agindo intuitivamente sob a inspiração dos antepassados, colocava o crânio dos *mortos* à entrada das cavernas com o objetivo de impedir a incursão naqueles recintos dos inimigos desencarnados...

Os egípcios, conceituando o retorno ao corpo sob a paixão do imediato, transformaram os sepulcros em palácios, colocando tesouros e alimentos para os viandantes do *vale das sombras* não padecerem necessidades quando da volta...

Mausoléus e jazigos imponentes foram erguidos através dos tempos para perpetuarem a memória e a vida dos extintos, gerando quase sempre longos processos de apego e dor aos transitórios recursos materiais por parte dos que desencarnaram.

A Arte e a Literatura, a Poesia e a Religião contribuíram exorbitantemente para tornarem a morte a megera desventurada, portadora da infelicidade e do horror.

Com o desenvolvimento das conquistas modernas, em cujo período as luzes da fé já bruxuleantes quase se apagaram, a *morte*, por significar para os apaniguados do *niilismo* o fim de tudo, passou a constituir móvel de ridículo, senão a aspiração maior dos frívolos e inconsequentes cultivadores da cômoda filosofia do nada. Assim encontrariam a porta para a deserção, logo fossem colhidos pela responsabilidade ou surpreendidos pela dor...

Espiritismo e morte

Jesus, indubitavelmente, o Senhor do Mundo e o Herói da Sepultura Vazia, foi o mais nobre pregoeiro da vida com excelente realidade a respeito da morte.

Circunscrevendo todos os seus ensinos acerca da vida, e da Vida abundante, a sua mensagem é um hino perene à glória do existir, seja num ou noutro setor de atividade em que se manifestam as expressões eternas do espírito: na carne e além dela.

Em todo o seu ministério de amor e trabalho, sua palavra é luz e vida, considerando *mortos* somente aqueles que perderam a visão e obstruíram as percepções da realidade espiritual.

Depois de Jesus coube ao Espiritismo a inapreciável tarefa de interpretar a morte, libertando-a dos infelizes conceitos de vário matiz que foram tecidos multimilenarmente na plenitude da ignorância sobre a sua legítima feição.

Atestando a continuidade da vida após o túmulo, graças ao convívio mantido entre os homens e os Imortais, o Espiritismo libertou a vida do guante da vândala destruidora, exaltando a perenidade do existir em todas as latitudes do Cosmo, na incessante progressão para o Infinito.

Vive, portanto, como se estivesse a cada momento preparando-te para renascer além e após o túmulo.

A vida que se leva é a vida que cada um aqui leva enquanto na indumentária carnal.

Transpassa-se o pórtico de lama e cinza em que se transformam os implementos materiais com as próprias conquistas morais, construindo as asas de anjo com que se pode ascender à Verdade ou as amarras grosseiras para com a retaguarda, mediante as quais se imantam aos engodos fisiológicos.

~

Estudo e meditação

Por ser exclusivamente material, o corpo sofre as vicissitudes da matéria. Depois de funcionar por algum tempo, ele se desorganiza e decompõe. O princípio vital, não mais encontrando elemento para sua atividade, se extingue e o corpo morre. O Espírito, para quem, este, carente de vida, se torna inútil, deixa-o, como se deixa uma casa em ruínas, ou uma roupa imprestável.

(*A gênese*, Allan Kardec. Cap. XI, item 13.)

∽

A vida espiritual é, com efeito, a verdadeira vida, é a vida normal do Espírito, sendo-lhe transitória e passageira a existência terrestre, espécie de morte, se comparada ao esplendor e à atividade da outra. O corpo não passa de simples vestimenta grosseira que temporariamente cobre o Espírito, verdadeiro grilhão que o prende à gleba terrena, do qual se sente ele feliz em libertar-se. O respeito que aos mortos se consagra não é a matéria que o inspira; é, pela lembrança, o Espírito ausente quem o infunde.

(*O evangelho segundo o espiritismo*, Allan Kardec. Cap. XXIII, item 8.)

8

Renascer

Conceito

Conhecida como Palingenesia entre os povos da Antiguidade e ora denominada Metensomatose pelos modernos investigadores, a reencarnação significa o retornar do espírito ao corpo tantas vezes quantas se tornem necessárias para o autoburilamento, libertando-se das paixões e adquirindo experiências superiores, sublimando as expressões do instinto ao tempo em que desenvolve a inteligência e penetra nas potencialidades transcendentes da intuição. É o renascimento no corpo físico.

A reencarnação é a mais excelente demonstração da Justiça divina, em relação aos infratores das leis, na trajetória humana, facultando-lhes a oportunidade de ressarcirem numa os erros cometidos nas existências transatas.

A evolução é impositivo da Lei de Deus, incessante, inquestionável. Nessa Lei não existe o repouso, o letargo das forças, a inércia. Por toda parte e sempre o impositivo da evolução, o imperativo do progresso.

Desde a mais débil expressão anímica que a vida, dormente, sonha e espera, até a angelitude em que fomenta e frui a felicidade e o amor, o progresso se faz imperioso.

O estacionamento, a parada, representaria o caos.

Ininterruptamente as conquistas que se acumulam, jazendo, às vezes, embrionárias ou adormentadas, num ciclo carnal, se desenvolvem noutro; ou, quando entorpecidas transitoriamente na investidura somática, se desdobram, valiosas, além da constrição celular.

A reencarnação enseja, mediante processo racional, a depuração do espírito que evolve, contribuindo simultaneamente para o aperfeiçoamento e a sutilidade da própria organização física, nos milênios contínuos da evolução.

Aceita logicamente por uns e anatematizada por outros, dentre os mais eminentes religiosos e pensadores da Humanidade, tem as suas bases assentes nos impositivos da Sabedoria de nosso Pai que tudo estabeleceu em diretrizes consentâneas com as necessidades da sua obra.

Estruturada em princípios igualitários a todos concedidos em circunstâncias equivalentes, estatui como base o amor e esparze a misericórdia, em convites de excelsa probidade, para os náufragos das realizações malogradas, que têm necessidade de recomeço para avançarem na direção do êxito que a todos nos aguarda.

Histórico

Revelada pelos Espíritos — seus lídimos divulgadores — desde os primórdios das experiências nos santuários da iniciação esotérica do passado longínquo, a reencarnação constituiu o alicerce das religiões do pretérito, que nela hauriram as mais relevantes bênçãos de consolação e esperança para os seus adeptos, norteando-os com segurança pelas trilhas da elevação.

Pode-se mesmo afirmar que a sua é a história da evolução do pensamento religioso, que nas imarcescíveis nascentes da mediunidade encontrou a informação segura dos sucessivos renascimentos, como eficiente veículo de evolução.

Na Índia, desde remotíssima antiguidade, de que nos dão notícias os *Vedas* e o *Bhagavad-Gita*, o conhecimento da reencarnação era sobejamente divulgado por intermédio dos cantos imortais da formação moral e cultural do homem.

Difundida amplamente entre os orientais, foi Pitágoras quem a introduziu na cultura grega, após tê-la absorvido dos esoteristas egípcios e persas, nas contínuas viagens realizadas, que visavam a buscar melhores informações para o enigma da vida nos seus multifários *mistérios*.

Não obstante oferecessem os egípcios uma concepção especial, por meio do que consideravam a *Metempsicose*, ou reencarnação do espírito humano em forma animal, subentende-se que tal concepção era consequência de errônea interpretação do fenômeno da *zoantropia*, decorrente da perturbação espiritual em que muitas Entidades infelizes se apresentavam nos cultos, traduzindo as punições que experimentavam por deformação do uso das funções orgânicas e psicológicas, engendrando autossuplícios apenas transitórios, na erraticidade. Nesse sentido, mesmo Heródoto, o "pai da História", ensinando a Doutrina das Vidas Sucessivas, supunha que a *Metempsicose* fosse uma punição necessária ao espírito calceta, o que, se assim o fora, violaria a lei incessante da evolução com um retrocesso à fase animal.

Sófocles como Aristófanes adotaram a crença na reencarnação.

Platão divulgou-a, fundamentando o seu ensino nas informações pitagóricas. Posteriormente, os neoplatônicos, tais

Orígenes, Tertuliano, Jâmblico, Pórfiro, discípulo e herdeiro de Plotino, consideravam a reencarnação como o único meio capaz de elucidar os problemas e enigmas com que defrontavam no exame da Filosofia e na interpretação das necessidades humanas.

Virgílio e Ovídio, os eminentes pensadores romanos, impregnaram-se das suas excelentes lições, difundindo-as largamente.

Os druidas apoiavam todos os seus ensinos na justiça da Palingenesia.

Os hebreus aceitavam-na, adotando-a sob o nome de *Ressurreição*, de que a *Bíblia* nos dá reiteradas confirmações.

Nas experiências medievais, em que a cultura se deteve esmagada, fez-se que desaparecesse temporariamente, apesar de cultuada por alguns raros estudiosos, para que Allan Kardec, ainda pela revelação dos Espíritos, novamente a trouxesse à Terra, na mais comovente demonstração confirmativa do *Consolador*, consoante o prometera Jesus.

Muitos pensadores medievais adotaram a conceituação das vidas sucessivas, entregando-se às pesquisas mediante as quais não poucas vezes pagaram o atrevimento com a própria vida, em se considerando a intolerância e ignorância então vigentes no tocante aos problemas espirituais.

Incontáveis pessoas se hão surpreendido em face das lembranças das vidas passadas, em que mergulham inconscientemente, experimentando nas evocações os estados emocionais característicos das personagens que antes animaram. Da sistemática recordação, com os sucessivos mergulhos nas lembranças do passado, muitos têm sido vítimas de distonias de vária ordem, perturbando-se, sem conseguirem estabelecer os limites entre os fatos de uma e de outra existência: a do passado, que retorna vigorosa, e a do presente, que se vai submetendo ao impositivo da outra.

Na vida infantil, porque o espírito ainda se encontra em processo de fixação total nas células, apropriando-se do campo somático, pouco a pouco, surgem frequentemente nos diversos campos da Arte, da Filosofia, da Ciência e da Religião os que externam precocidade surpreendente, revelando conhecimentos superiores aos do tempo em que vivem ou recordando os ensinamentos aprendidos anteriormente.

A memória da aprendizagem e dos fatos não se perde nunca, pois que esta não é patrimônio das células cerebrais, que as traduzem, estando incorporada ao perispírito, que a fixa, acumulando as experiências das múltiplas existências, mediante as quais o Espírito evolui, nas diversas faixas que se lhe fazem necessárias.

Crianças houve que foram capazes de se expressar corretamente em diversos idiomas, desde dois anos de idade, sem os terem aprendido.

Incontáveis crianças também revelaram pendor musical, compondo e interpretando peças clássicas antes que pudessem segurar um violino, ou dispor de mobilidade para uma oitava no teclado de um piano.

Escultores deslumbraram seus mestres em plena idade infantil.

Assim também, matemáticos, astrônomos, físicos modernos evocam da última reencarnação quanto aprenderam e agora retornam a ampliar, ainda mais, as suas aquisições para serem aplicadas a serviço da Humanidade.

No passado, Jean Baratier, que desencarnou com dezenove anos, vítima de "cansaço cerebral", falava corretamente diversos idiomas. Aos nove anos escreveu um dicionário, com larga complexidade etimológica.

William Hamilton com apenas três anos estudou o hebraico. Mais tarde, aos doze anos, conhecia doze idiomas que falava corretamente.

Outros — como no caso de Jaques Criston, que conseguia discutir utilizando-se do latim, grego, árabe, hebraico, sobre as mais diversas questões, com tranquilidade — fizeram-se célebres.

Henri de Hennecke, com dois anos, expressava-se em três línguas...

Volumosa é a literatura sobre o assunto, não somente na *xenoglossia* como em diversos ramos do Conhecimento.

As evocações das vidas passadas independem da idade em que podem ocorrer. Naturalmente que na primeira infância são mais repetidas as lembranças da reencarnação anterior, pela facilidade com que o espírito, não totalmente interpenetrado pelas células físicas, conserva a memória das ocorrências guardadas.

No presente, as experiências de regressão da memória, pela hipnologia, vêm trazendo larga e valiosa contribuição ao estudo da reencarnação, pelas largas possibilidades de comprovação de que se podem dispor, ampliando grandemente o campo das observações e provas.

Reencarnação e Jesus

Foi Jesus, indubitavelmente, quem melhor afirmou a necessidade da reencarnação, a fim de que o homem possa atingir o Reino de Deus.

Em seu diálogo com Nicodemos[3] asseverou iniludivelmente que o retorno à organização física para reparar e aprender, nascendo "do corpo e do espírito", repetindo as experiências que a necessidade impõe para a própria redenção. Não obstante Nicodemos interrogar: — como tal seria possível, retornar ao ventre materno? — o Senhor assegurou-o,

---

[3] Nota da autora espiritual: JOÃO, 3:1 a 14.

interrogando-o, a seu turno: — Como seria crível que ele, doutor em Jerusalém, ignorasse aquilo, que era conhecido pelos estudiosos e profetas?!

Interpretou-se por longos anos, erradamente, que o batismo produziria o renascimento do homem.

O Senhor, porém, foi incisivo quanto ao retorno à vida física.

Os modernos conhecimentos científicos atestam que as primeiras formas de vida, desde a concepção, se fazem em ambiente aquoso, seja a própria constituição do gameta feminino como o masculino, de cuja fusão (água) nasce o novo corpo, que, adquirindo personalidade diversa da que possuía antes (espírito), recomeça o cadinho purificador, expungindo males e sublimando experiências para "entrar no Reino dos céus".

Posteriormente, respondendo às perguntas dos discípulos,[4] ao descer do Tabor, após a *Transfiguração*, reiterou que o Elias esperado, "aquele que havia de vir, já viera", facultando aos discípulos que entenderam ser de "João Batista que Ele falara".

Somente pela reencarnação e não pela ressurreição João Batista poderia ser Elias, o Profeta querido de Israel.

Considerando a severidade com que Elias tratara os adoradores do deus *Baal*, mandando-os passar a fio de espada, pela espada padeceu, ao impositivo das paixões de Herodíades e do terrível medo do *reizete* Herodes.

Jesus não modificou nem o ensino dos profetas nem o estabelecido pela Lei Antiga. Antes adotou-os, acrescentando a sublime Lei do Amor, como a única que poderia facultar ao homem a paz e a felicidade almejadas, propiciando-lhes desde a Terra o sonhado Reino de Deus.

Por meio da reencarnação mais se afirmam os laços de família, generalizando-se o amor em caráter universalista, em detrimento do egoísmo decorrente dos laços do sangue e da

---

[4] Nota da autora espiritual: MATEUS, 17:10 a 13.

carne. Os Espíritos recomeçam as jornadas interrompidas em que melhor encontram as condições para a melhoria íntima, volvendo aos mesmos sítios da consanguinidade, quando ali podem usufruir benefícios de reajustamento familiar ou de maior progresso espiritual.

Esquecendo-se temporariamente das razões matrizes do amor ou do ódio, como do impositivo do resgate nas aflições e dores de vário porte, o Espírito frui a bênção de ter diminuídos os móveis por meio dos quais fracassou ou se permitiu fascinar, reencetando as tarefas, por tendências, afinidades ou desagrados que motivaram aproximação ou repulsa das pessoas com as quais é convidado a viver. Sejam quais forem, porém, os motivos da simpatia ou da antipatia, a cada um cabe superar as dificuldades e vencer as animosidades, a fim de lograr êxito no empreendimento reencarnacionista, sem o que todo tentame redundaria como improfícuo, senão pernicioso.

O transitório esquecimento do passado facilita os recomeços, ensejando mais amplas possibilidades ao entendimento e à cordialidade. Lembrasse-se o Espírito dos motivos da antipatia ou do amor, vincular-se-ia apenas aos seres simpáticos, afastando-se daqueles por quem se sentiu prejudicado, complicando, indefinidamente, a libertação das causas infelizes do fracasso.

Assim, o filho revel retorna na condição de pai, a esposa ultrajada volve como mãe abnegada, o criminoso odiento reinicia ao lado da vítima antiga, o infrator da existência física, autocida, reencarna com as limitações que ocasionou, mediante o atentado perpetrado contra a organização somática. A cerebração mal aplicada redunda em idiotia irreversível e a impiedade, o ultraje, o abuso de qualquer natureza constroem o suplício da miséria, física ou moral, como medida educadora de que necessita o defraudador.

Merece considerar, ainda, que em cada dia surgem oportunidades novas que facultam ao homem fazer e refazer, aprimorando-se sem cessar, olvidando o mal e adicionando o bem às próprias aquisições com que se prepara para a libertação íntima e intransferível. Por isso é a atual oportunidade, para cada um que se encontra no labor da carne, bênção de realce que não pode ser malbaratada sem consequências lamentáveis, de que só tardiamente compreenderá em toda sua complexidade.

∼

Seja qual for a situação em que te encontres, agradece a Deus a atual conjuntura expiatória ou provacional, utilizando-te do tempo com sabedoria e discernimento, de modo a construíres o futuro, desde que o presente se te afigure afligente ou doloroso.

O que hoje possuis vem de ontem, podendo edificar para o amanhã, por meio do uso que faças das faculdades ao teu alcance.

Qualquer corpo, mesmo quando mutilado ou limitado, assinalado por enfermidades ultrizes e rigorosas, constitui concessão superior que a todos cabe zelar e cultivar, desdobrando recursos e entesourando aquisições, mediante os quais poderá planar logo mais nas regiões felizes, livre dos retornos dolorosos e recomeços difíceis.

Estudo e meditação

Como pode a alma, que não alcançou a perfeição durante a vida corpórea, acabar de depurar-se?

Sofrendo a prova de uma nova existência.

a) Como realiza essa nova existência? Será pela sua transformação como Espírito?

Depurando-se, a alma indubitavelmente experimenta uma transformação, mas para isso necessária lhe é a prova da vida corporal.
b) A alma passa então por muitas existências corporais?
Sim, todos contamos muitas existências. Os que dizem o contrário pretendem manter-vos na ignorância em que eles próprios se encontram. Esse o desejo deles.
c) Parece resultar desse princípio que a alma, depois de haver deixado um corpo, toma outro, ou, então, que reencarna em novo corpo. É assim que se deve entender?
Evidentemente.
Qual o fim objetivado com a reencarnação?
Expiação, melhoramento progressivo da Humanidade. Sem isto, onde a justiça?
(*O livro dos espíritos*, Allan Kardec. Questões 166 e 167.)

∽

A união e a afeição que existem entre pessoas parentes são um índice da simpatia anterior que as aproximou. Daí vem que, falando-se de alguém cujo caráter, gostos e pendores nenhuma semelhança apresentam com os dos seus parentes mais próximos, se costuma dizer que ela não é da família. Dizendo-se isso, enuncia-se uma verdade mais profunda do que se supõe. Deus permite que, nas famílias, ocorram essas encarnações de Espíritos antipáticos ou estranhos, com o duplo objetivo de servir de prova para uns e, para outros, de meio de progresso. Assim, os maus se melhoram pouco a pouco, ao contato dos bons e por efeito dos cuidados que se lhes dispensam. O caráter deles se abranda, seus costumes se apuram, as antipatias se esvaem. É desse modo que se opera a fusão das diferentes categorias de Espíritos, como se dá na Terra com as raças e os povos.
(*O evangelho segundo o espiritismo*,
Allan Kardec. Cap. IV, item 19.)

9
Progresso

Conceito

Desdobramento de possibilidades valiosas, o progresso é agente do engrandecimento que tudo e todos experimentam, sob o impositivo das leis sábias da evolução, de que nada ou ser algum se poderá eximir.

Presente em todo lugar, impõe-se pouco a pouco pela força de que se reveste, terminando por comandar com eficiência o carro da vida.

Inutilmente a agressividade de muitos homens tenta detê-lo; vãs as insistentes maquinações dos espíritos astutos, pensando obstaculizá-lo; inoperantes os recursos da prepotência, supondo impedi-lo...

O progresso pode ser comparado ao amanhecer. Mesmo demorando aparentemente culmina por lograr êxito.

A ignorância, travestida pela força e iludida pela falsa cultura, não poucas vezes se há levantado, objetivando criar embaraços ao desenvolvimento dos homens e dos povos, gerando, por fim, lamentáveis constrições para os seus apaniguados, sem que conseguisse, todavia, nas lutas travadas, alcançar as cumeadas dos desejos ignóbeis.

Inevitavelmente ele chega, altera a face e a constituição do que encontra pela frente e desdobra recursos, fomentando a beleza, a tranquilidade, o conforto, a dita.

Considerações

Criando sempre e incessantemente, o Pai determina a evolução pela esteira dos evos intermináveis. Transformando-se e progredindo, o *impulso* criador, em se manifestando, evolui infinitamente na rota em que busca a relativa perfeição que lhe está destinada.

Pensamento que consubstancia forma, psiquismo que avança, invólucro que se aprimora, adquirindo preciosos recursos e inestimáveis conquistas que somam abençoados tesouros no incessante curso da indestrutibilidade...

Em todos os tempos a prosápia humana, decorrente do impositivo inferior, que procede do mecanismo primário donde o homem inicia a marcha, tem criado óbices ao progresso. Assim, em vez de utilizar as conquistas que logra, fomentando ações edificantes, a criatura iludida com a transitoriedade da organização física se levanta impondo ideias infelizes, exigindo subalternidade, em detrimento a quanto vê, observa e experimenta na própria vida.

Dos excrementos o homem retira essências puras, de delicado odor, como a planta, do húmus, do adubo haure incomparáveis belezas e inimitáveis fragrâncias...

Desse modo, são de ontem os quadros lamentáveis, em que os inimigos do progresso dominavam soberanos, supondo impedirem a fixação e a proeza da magnitude do desenvolvimento. São destes dias as utopias, as ilusões dos vencedores que não se conseguiram vencer, sustentando a força opressiva com que vitalizam as sombras que os mantêm equivocados, ora usurpados pela desencarnação e esquecidos, enquanto o carro do progresso prossegue inalterável.

Examinando a palpitante atualidade do progresso que irrompe de todos os lados, são inequívocas quão inadiáveis as necessidades do adiantamento moral-espiritual do homem, do que decorre o avanço material, seja na Administração, na Cultura, na Política, na Arte, na Ciência, a fim de que se não entorpeçam os valores éticos, ante a inteligência deslumbrada em face das conquistas do conhecimento, que, sem as estruturas íntimas da dignificação que comanda os sentimentos e destroça os desatinos, tudo transformaria em caos.

Buscando equacionar o mecanismo do Universo, quando jovem, Albert Einstein emprestou ao Cosmo as condições e requisitos intrínsecos necessários à sua própria explicação, adotando a cômoda elucidação do materialismo mecanicista. Amadurecido e experiente, mais tarde clarificado pela excelência do progresso moral, reformulou a teoria, resolvendo-se pela legitimidade de um "Poder Pensante" existente e precedente e um "Poder Atuante"... Somente o progresso moral responde pelas verdadeiras conquistas humanas, no plano da evolução.

Em face de tais considerações, a realidade dos postulados imortalistas, fundamentados na tônica espiritual legítima do após a desarticulação celular, é a única diretriz que pode comandar com eficiência a máquina das modernas conquistas do pensamento tecnológico, de modo a facultar o progresso da Terra e do homem, por meios eficazes, verdadeiros, sem a constrição aberrante dos crimes, engodos, erros, ultrajes e agressões — velhos arrimos em que se sustenta a animalidade! — muito a gosto dos violentos construtores do passado, que se deixaram asfixiar pelos tóxicos do primarismo e da alucinação.

Ante os clarões da Imortalidade o homem contempla o futuro eterno, sem deter-se nas balizas próximas do fascínio mentiroso. Faz-se construtor para a Eternidade e não para o agora célere que se decompõe em campo de experiências próximas. Não tem pressa, porque sabe que tudo quanto não conseguir hoje, realizá-lo-á amanhã.

Ante a desencarnação — que era fantasma cruel anteriormente — adquire confiança na vida que prossegue, e depois do túmulo acompanha o esforço dos continuadores do trabalho que deixou, esforçando-se para retornar e prosseguir afervorado no labor da edificação da ventura geral.

Conclusão

À hora própria, conforme anunciado, fulguram as lições espiritistas, exatamente quando há recursos capazes de avaliarem a extensão filosófica e moral da Doutrina do Cristo na face em que Ele a ensinou e a viveu.

Reservando aos laboratórios próprios o estudo da transcendência do espírito e da vida, na atual conjuntura do progresso entre os homens, a religião espiritista penetra os espíritos, auxilia-os no progresso necessário e impele-os à glória do amor com que passam a sentir todos e tudo, rumando jubilosamente para Deus.

Estudo e meditação

A força para progredir, haure-a o homem em si mesmo, ou o progresso é apenas fruto de um ensinamento?

O homem se desenvolve por si mesmo, naturalmente, mas nem todos progridem simultaneamente e do mesmo modo. Dá-se então que os mais adiantados auxiliam o progresso dos outros, por meio do contato social.
O progresso moral acompanha sempre o progresso intelectual?
Decorre deste, mas nem sempre o segue imediatamente.
(*O livro dos espíritos*, Allan Kardec. Questões 779 e 780.)

∼

Somente o progresso moral pode assegurar aos homens a felicidade na Terra, refreando as paixões más; somente esse progresso pode fazer que entre os homens reinem a concórdia, a paz, a fraternidade.
(*A gênese*, Allan Kardec. Cap. XVIII, item 19.)

10

Lei

Conceito

Qualquer diretriz ou norma estabelecida no seio de uma comunidade constitui intrinsecamente a Lei.

Desde as primeiras agregações humanas, no recuado dos tempos, surgiram, por exigência do progresso, impositivos para o comportamento social que, pouco a pouco, adquiriram dimensão jurídica. Assim, hábitos, conceitos, modos e modas, formulações éticas e religiosas surgiram paulatinamente, estabelecendo bases para os conglomerados sociais, com os altos objetivos de preservação do indivíduo, da família, da sociedade.

Os primeiros códigos surgiram da necessidade de o homem manter padrões de equilíbrio individual e geral, impondo-se linhas de segurança, por meio das quais o grupo se unia para progredir.

Na defesa e preservação da vida, em face dos fatores climatéricos, das agressões animais, os instintos inerentes à individualidade compulsoriamente estabeleceram os primeiros deveres, que foram criando raízes e transformando-se em hábitos — estruturas primeiras das leis humanas. Higiene, convívio comunitário, respeito a si mesmo e aos outros, intercâmbio entre os grupamentos, em prol da sobrevivência, e negociações para preservação grupal lentamente se transmitiram, gerando leis que, aceitas ou não, se transformaram em códigos estruturadores da ética, da religião, da justiça.

Pela intuição pura e simples, graças à interferência dos Espíritos superiores, o homem hauriu nas imutáveis leis da Natureza, por refletirem as leis de Deus, definições para a conduta e aprendeu, pela multiplicidade de impositivos que lhe escapavam ao controle, que a própria sobrevivência dependia da solidariedade, do amor, do respeito, deveres que brotavam e se desdobravam como abençoadas flores em extenso campo de esperança.

O natural respeito às forças cósmicas que o dominavam no período primário, em forma de medo, com as consequentes manifestações de culto religioso, a se materializarem em holocaustos, transitando do bárbaro ao sutil, desde a imolação de criaturas à oferenda de flores, construiu a identificação lenta e segura entre o homem aparentemente desarmado e o Criador Paternal.

Pelo mesmo processo — mediante a mediunidade natural — os antepassados retornaram e falaram da Imortalidade, propondo conceitos libertadores e, ao mesmo tempo, de sabedoria sobre os quais se estabeleceriam as futuras normas humanas que se iriam transformar em legislação terrena.

Desenvolvimento

Mesmo nas guerras em que os grupos se entredevoravam, o impulso gregário fê-los abandonar a antropofagia na tribo, transferindo-a para aquele que considerava adversário, do que surgiram preceitos de combate que, hoje, nas nações civilizadas, se discutem tendo em vista os acordos firmados em Genebra, no respeito aos prisioneiros, e dos quais se faz mediadora a Cruz Vermelha Internacional.

Sem dúvida, há muito ainda por fazer, nesse capítulo da legislação humana, pertinente à guerra. Todavia, merece considerar que o homem sofre a "predominância da natureza animal sobre a espiritual", que lhe constitui lamentável fator preponderante de guerra. Belicoso para consigo mesmo, expande as paixões irrefreadas e desarticula-se, agredindo, malsinando e engendrando a própria desdita.

No que diz respeito à evolução dos códigos da justiça humana, a Hamurabi se deve o mais antigo conjunto de leis conhecidas pela Humanidade. Reinando de 2067 a 2025 antes de Cristo,[5] fez gravar numa coluna de diorito preto, com aproximadamente 2,5 metros de altura, quatro mil linhas, nas quais se encontravam exarados os princípios que diziam respeito ao indivíduo e às propriedades, dividindo-se em subcapítulos, sucessivamente, nos quais se tem uma visão de equidade avançada para a época em que predominava o poder sobre o direito, a supremacia do vencedor sobre o vencido.

Posteriormente, as civilizações, pela necessidade de estabelecerem códigos destinados a regerem seus membros, ora subordinados às diretrizes religiosas, ora aos impositivos éticos sobre que colocavam suas bases, formaram seus estatutos de justiça e ordem, nem sempre felizes...

Pensadores e profetas de todos os tempos, refletindo a mensagem eterna ou as disposições humanas, não obstante os malogros do passado, criaram as determinações por meio

---

[5] N.E.: Segundo outras fontes, seu reinado deu-se entre 1792-1750 ou 1730-1685 a.C.

das quais se levantaram impérios e se construíram povos, sem o que teria dominado o caos e a sobrevivência periclitado.

Dos primeiros moralistas, da escola ingênua, aos grandes legisladores, ressaltam as figuras de Moisés, instrumento do Decálogo, e Jesus, o excelso paradigma do amor, que consubstanciaram as necessidades humanas, ao mesmo tempo facultando os meios liberativos para o ser que marcha na direção da imortalidade.

Adaptando as leis divinas, identificadas na Natureza, às faculdades humanas, aquelas permanecem modelos a que o homem, vagaroso, porém, infalivelmente, se adaptará, para a própria felicidade.

Do Direito Romano aos modernos tratados, as fórmulas jurídicas evoluem, apresentando dispositivos e artigos cada vez mais concordes com o espírito de justiça do que com as ambições do comportamento individual e grupal.

Francesco Carrara, o insigne mestre do Direito italiano, deslumbrado com a magnitude da vida imperecível, já preceituava: "O dogma sobre o qual assenta nossa doutrina é o da criação operada pela mente de um Ser eterno e infinito no saber, na bondade e no poder. Renegado este princípio, tudo no Direito se torna arbitrário, ou melhor: o Direito perde a razão de ser, a soberana do mundo é a força. Aceito o princípio, dele deflui como consequência necessária o reconhecimento de uma lei de ordem imposta pelo Criador à criatura."

E, dominado pela Presença divina, prossegue, espiritualista: "A alma não está submetida à lei física, mas a compreende e a percebe e dela deseja o melhor, mercê da aspiração do belo."

Complementando o raciocínio, expõe: "Esta alma inteligente e livre que Deus deu ao homem, a fim de que, com suas obras, pudesse merecer ou desmerecer, sujeitou-o, como ser moralmente livre, a uma outra lei: a lei moral."

Ora, as leis morais estão estruturadas na lei natural ou Lei de

Deus. Por serem imperfeitas, as leis elaboradas pelos homens sofrem diariamente modificações, variando de povo para povo e, ao mesmo tempo, adaptando-se a situações compatíveis com os dias da sua vigência.

Todas as criaturas têm, na sua maioria, no atual estágio da evolução da vida na Terra, consciência da Lei de Deus, sabendo o de que necessita para a própria felicidade. Os desmandos a que se entrega, os abusos que perpetra, os excessos a que se expõe não lhe permitirão tranquilizar-se, porque, inscrita na consciência, aquela lei superior, a seu turno, no momento justo, convocará o infrator ao reajuste, de que ninguém se furta.

Espiritismo e a lei

Sendo o Espiritismo revelação divina para o reencontro do homem com a verdade (noutras palavras: para o religamento da criatura com o seu Criador), todos os seus ensinos se assentam na *Lei Natural*, aquela que dimana do Pai.

À semelhança de Jesus, que não veio destruir a Lei, antes submeter-se ao seu estatuto, o Espiritismo respeita as instituições humanas e os códigos dos homens, oferecendo, porém, sublimes normas de evolução, todas fundamentadas no amor ao próximo e na caridade, de cujo exercício o homem aprende, mediante o estudo contínuo e sistemático, quais as suas obrigações na Terra, as razões das vidas sucessivas, a justiça e sabedoria celestes, contribuindo, eficazmente, pela submissão e pela ação dinâmica, por meio do impulso dado ao progresso de todos, para a sua total libertação da dor, do desequilíbrio, da sombra, da morte...

Mediante a observância das leis morais que fluem dos exemplos e da palavra do Cristo, o homem constrói a Nova Era, na qual os códigos da intolerância e do preconceito, fomentadores do mal e do ódio, empalidecem, para que fulgurem as luminosidades do bem e da verdade.

Dia virá em que o homem, amando ao seu irmão, elaborará códigos mais generosos e leis mais justas, em cujas malhas evoluirá, até o momento de plenitude espiritual.

∼

Estudo e meditação

Que se deve entender por lei natural?
A lei natural é a Lei de Deus: É a única verdadeira para a felicidade do homem. Indica-lhe o que deve fazer ou deixar de fazer e ele só é infeliz quando dela se afasta.
É eterna a Lei de Deus?
Eterna e imutável como o próprio Deus.
(*O livro dos espíritos*, Allan Kardec. Questões 614 e 615.)

∼

O Espiritismo é de ordem divina, pois que se assenta nas próprias leis da Natureza e estai certos de que tudo o que é de ordem divina tem grande e útil objetivo. O vosso mundo se perdia; a Ciência, desenvolvida à custa do que é de ordem moral, mas conduzindo-vos ao bem-estar material, redundava em proveito do espírito das trevas. Como sabeis, cristãos, o coração e o amor têm de caminhar unidos à Ciência.
(*O evangelho segundo o espiritismo*,
Allan Kardec. Cap. I, item 10.)

11
Trabalho

Conceito

Genericamente o vocábulo *trabalho* pode ser definido como: "Ocupação em alguma obra ou ministério; exercício material ou intelectual para fazer ou conseguir alguma coisa."

O trabalho, porém, é Lei da Natureza mediante a qual o homem forja o próprio progresso desenvolvendo as possibilidades do meio ambiente em que se situa, ampliando os recursos de preservação da vida, por meio das suas necessidades imediatas na comunidade social em que vive. Desde as imperiosas necessidades de comer e beber, defender-se dos excessos climatéricos até os processos de garantia e preservação da espécie, pela reprodução, o homem vê-se coagido à obediência à lei do trabalho.

O trabalho, no entanto, não se restringe apenas ao esforço de ordem material, física, mas também intelectual pelo labor desenvolvido, objetivando as manifestações da Cultura, do Conhecimento, da Arte, da Ciência.

Muito diferente da força aplicada pelo animal, o trabalho no homem objetiva a transformação para melhor das condições e do meio onde se encontra situado, desdobrando a capacidade criativa, de modo a atingir as melhores expressões da beleza e da imortalidade, libertando-se, paulatinamente, das formas grosseiras e primárias em que transita para atingir a plenitude da perfeição.

O movimento e o esforço a que são conduzidos os animais e que por generalização passam a ser denominados *trabalho*, constituem atividade de repetição motivada pelo instinto de "conservação da vida", sem as resultantes realizações criadoras, que facultam o aprimoramento, o progresso, a beleza inerentes ao ser humano. Enquanto os animais agem para prover a subsistência imediata o homem labora criando, desenvolvendo as funções da inteligência que o agigantam, conseguindo meios e recursos novos para aplicação na faina de fazê-lo progredir.

A princípio, o homem, à semelhança do próprio animal, procurava apenas prover as necessidades imediatas, produzindo um fenômeno eminentemente *predatório*, numa vida nômade, em que se utilizava das reservas animais e vegetais para a caça, a pesca e colheita de frutos silvestres, seguindo adiante, após a destruição das fontes naturais de manutenção. No período da *pedra lascada* sentiu-se impelido a ampliar os braços e as pernas para atingir as metas da aquisição de recursos, recorrendo a instrumentos rudes, passando mais tarde à agricultura para, da terra, em regime de sociedade, extrair os bens que lhe facultassem a preservação da vida, prosseguindo, imediatamente, a criação de rebanhos, que domesticou, capazes de propiciar-lhe relativa abundância, pelo resultante do armazenamento dos excedentes da colheita e do abate animal, deixando de ser precárias as condições, assaz primitivas, em que vivia.

Com a utilização dos instrumentos mais aprimorados para a caça, a pesca, a agricultura, a criação de rebanhos, as atividades tornaram-se rendosas, facultando a troca de mercadorias como primeiro passo para o comércio e posteriormente para a indústria, de modo a fomentar recursos sempre novos e cada vez mais complexos, pelos quais se libertava paulatinamente das dificuldades iniciais para levantar a base do equilíbrio social, pela previsão e recursos de previdência segura, ante os períodos cíclicos de calamidades que sofria com frequência: secas, guerras, enfermidades.

No passado, porém, o trabalho se apresentava para as classes nobres como uma desonra, sendo reservado apenas aos "braços escravos", que se encarregavam de todas as tarefas, de modo a que os dominadores se permitissem a ociosidade brilhante, podendo-se valorizar os recursos dos homens pelo número de escravos e servos de que podiam dispor. Mesmo a cultura da inteligência era transmitida, não raro, por homens ferreteados pela escravidão, e o desenvolvimento das artes, das atividades domésticas encontrava-se em posição subalterna de servilismo desprezado, conquanto indispensável.

O trabalho, porém, apresenta-se ao homem como meio de elevação e como expiação de que tem necessidade para resgatar o abuso das forças, quando entregues à ociosidade ou ao crime, na sucessão das existências pelas quais evolui. Não fora o trabalho e o homem permaneceria na infância primitiva, sendo por Deus muitas vezes facultado ao fraco de forças físicas os inapreciáveis recursos da inteligência, mediante a qual granjeia progresso e respeito, adquirindo independência econômica, valor social e consideração, contribuindo poderosamente para o progresso de todos.

Com o irrompimento da técnica, que multiplicou os meios para a atividade do homem, na sociedade, veio inevitavelmente a divisão social do próprio trabalho, criando as classes, hoje, como ontem, empenhadas em lutas terrificantes e crescentes.

A lei do trabalho, porém, impõe-se a todos e ninguém fugirá dela impunemente, deixando de ser surpreendido mais adiante... A homem algum é permitido usufruir os benefícios do trabalho de outrem sem a justa retribuição e toda exploração imposta pelo usuário representa *cárcere* e *algema* para si mesmo, na sucessão das existências inevitáveis a que se encontra impelido a utilizar.

Do trabalho mecânico, rotineiro, primitivo, puro e simples, à automação, houve um progresso gigante que ora permite ao homem o abandono das tarefas rudimentares, entregues a máquinas e instrumentos que ele mesmo aperfeiçoou, concedendo-lhe tempo para a genialidade criativa e a multiplicação de atividades em níveis cada vez mais elevados.

Sendo o trabalho uma lei natural, o repouso é a consequente conquista a que o homem faz jus para refazer as forças e continuar em ritmo de produtividade.

O repouso se lhe impõe como prêmio ao esforço despendido, sendo-lhe facultado o indispensável sustento nos dias da velhice, quando diminuem o poder criativo, as forças e a agilidade na execução das tarefas ligadas à subsistência.

Teorias econômicas do trabalho e justiça social

Duas são as teorias econômicas do trabalho na estrutura da sociedade: o *trabalho-valor* que se consubstancia nas teorias de Adam Smith, Jean-Baptiste Say e David Ricardo, que pugnavam pela assertiva de que "o trabalho cria o valor econômico"; e a outra, a do *trabalho-produção*, expressa por meio dos expoentes da denominada *Escola Marginalista*, que consideram o trabalho como um dos "fatores da produção, cujo valor é medido pelo valor do produto que cria", considerando-se primacialmente a sua utilidade aplicada ao mercado de consumo.

Com a Revolução Industrial e o advento da máquina que modificaram toda a estrutura do trabalho realizado pelo homem, a tese do *trabalho-valor* sobrepôs-se e foi adotada por Karl Marx, objetivando o trabalhador, nas suas necessidades de reposição do desgaste físico (ou mental), consequência direta e imediata da atividade exercida, sendo, assim, o trabalho inexaurível fonte de todo o progresso humano.

Com o desenvolvimento das Ciências Sociais e o advento das Entidades Previdenciárias e Assistenciais, o homem passou a beneficiar-se de uma regulamentação legal sobre o tempo de trabalho, horário, remuneração extraordinária e a indispensável aposentadoria, observados os requisitos essenciais, assistência médico-odontológica, pensão para a família, quando ocorre o óbito, invalidez remunerada em estrutura de justiça.

As lutas entre patrão e empregado começaram a ser examinadas com maior equidade, resolvendo-se em Casas de Justiça os graves problemas a que se viam constrangidos os menos afortunados pelos valores aquisitivos, que, em face da permanente conjuntura econômica a que se veem a braços os diversos países, eis que com a moeda ganha sempre se adquire menos utilidades, comprimindo-os até o desespero, fomentando a anarquia e o desajustamento comunitário.

Dividido o tempo entre trabalho e lazer, ação e espairecimento, ampliam-se as possibilidades da existência do homem que, então, frui a decorrência do progresso na saúde, nas manifestações artísticas, na cultura, no prazer, dispondo de tempo para as atividades espirituais, igualmente valiosas, senão indispensáveis para a sua paz interior.

Mediante o *trabalho-remunerado* o homem modifica o meio, transforma o hábitat, cria condições de conforto.

Pelo *trabalho-abnegação*, do qual não decorre troca nem permuta de remuneração, ele se modifica a si mesmo, crescendo no sentido moral e espiritual.

Por um processo ele se desenvolve na horizontal e se melhora exteriormente; pelo outro, ascende no sentido vertical da vida e se transforma de dentro para fora.

Utilizando-se do primeiro recurso conquista simpatia e respeito, gratidão e amizade. Por meio da autodoação consegue superar-se, revelando-se instrumento da Misericórdia divina na construção da felicidade de todos.

Trabalho e Jesus

Fazendo-se carpinteiro e dedicando-se à profissão na elevada companhia de José, o Mestre laborava ativamente, ensinando com o exemplo o respeito ao trabalho, como dever primeiro para a manutenção e preservação da vida, mediante a atividade honrada. Em todo o seu ministério de amor a abnegação tem relevante papel, verdadeiro trabalho de autodoação até o sacrifício da própria vida, sem paralelo em toda a História.

Seus discípulos, *a posteriori*, fizeram do trabalho expressão de dignificação, tornando-se "escravos do Senhor" e servos de todos, oferecendo o labor das próprias mãos para a subsistência orgânica, enquanto se "afadigavam" na sementeira da luz.

Seu exemplo e suas lições erguem os escravos que jazem no potro da miséria e dá-lhes suprema coragem no exercício do próprio trabalho, por intermédio do qual encontram energias para superar as fracas forças, tornando-se fortes e inatingíveis.

Infundem coragem, estimulando o *trabalho-serviço* fraternal, de modo a manter a comunidade unida em todos os transes.

Ensinam esperança, utilizando o *trabalho-redenção*, por cujo meio o espírito libra acima das próprias limitações e se liberta das malhas da ociosidade e do mal.

Agora, quando as luzes do *Consolador* se acendem na Terra da atualidade, encontrando o homem em pleno labor regulamentado por leis de justiça e previdência, eis que soam no seu espírito as clarinadas do trabalho mantenedor do progresso geral de todos, utilizando-se dos valores da fé para a construção do mundo melhor em que o amor dirima as dúvidas, a respeito da vida imortal, e a caridade substitua em toda a plenitude a filantropia, à semelhança do que ocorre nos mundos felizes onde o trabalho, em vez de ser impositivo, é conquista do homem livre que sabe agir no bem infatigável, servindo sempre e sem cessar.

∼

Estudo e meditação

A necessidade do trabalho é Lei da Natureza?
O trabalho é Lei da Natureza, por isso mesmo que constitui uma necessidade, e a civilização obriga o homem a trabalhar mais, porque lhe aumenta as necessidades e os gozos.
(*O livro dos espíritos*, Allan Kardec. Questão 674.)

∼

Com efeito, o homem tem por missão trabalhar pela melho-

ria material do planeta. Cabe-lhe desobstruí-lo, saneá-lo, dispô-lo para receber um dia toda a população que a sua extensão comporta. Para alimentar essa população que cresce incessantemente, preciso se faz aumentar a produção. Se a produção de um país é insuficiente, será necessário buscá-la fora. Por isso mesmo, as relações entre os povos constituem uma necessidade. A fim de mais as facilitar, cumpre sejam destruídos os obstáculos materiais que os separam e tornadas mais rápidas as comunicações. Para trabalhos que são obra dos séculos, teve o homem de extrair os materiais até das entranhas da terra; procurou na Ciência os meios de os executar com maior segurança e rapidez. Mas, para os levar a efeito, precisa de recursos: a necessidade fê-lo criar a riqueza, como o fez descobrir a Ciência. A atividade que esses mesmos trabalhos impõem lhe amplia e desenvolve a inteligência, e essa inteligência que ele concentra, primeiro, na satisfação das necessidades materiais, o ajudará mais tarde a compreender as grandes verdades morais. Sendo a riqueza o meio primordial de execução, sem ela não mais grandes trabalhos, nem atividade, nem estimulante, nem pesquisas. Com razão, pois, é a riqueza considerada elemento de progresso.

(O evangelho segundo o espiritismo,
Allan Kardec. Cap. XVI, item 7.)

12

Solidariedade

Conceito

A impostergável necessidade de defender-se das intempéries, no meio hostil da Natureza em que se viu constrangido a viver, fez que o homem primitivo buscasse as cavernas, nelas encontrando o refúgio para preservação da existência.

Diante das dificuldades da manutenção da vida orgânica, na incessante busca de alimento, vendo-se obrigado a competir com os animais de grande porte e vigorosa ferocidade, acoimado, igualmente, pelo instinto gregário buscou ligar-se aos demais homens, nascendo disso a aglutinação tribal. Perseguido, porém, por outros grupos agitados no desconcerto do instinto, sentiu a urgente e imperiosa força para a união a fim de suportar em conjunto as constrições externas que lhe impunham pungentes agonias.

Passando ao período agrário, o labor coletivo se lhe impôs em benefício de todos. A contribuição do grupo nos diversos setores da ação tornou-se base para o êxito da comunidade como condição de prosperidade geral.

O progresso incessante engendrou a máquina das necessidades e, ante ela, a usurpação dos fortes fomentou a dependência, quando não a miséria dos fracos. A "exploração do homem pelo homem" em escala cada vez mais avassaladora, motivada também pelas guerras de conquistas, se encarregou de espalhar nas grandes massas o abandono e o desassossego.

A chamada era tecnológica, a seu turno, longe de resolver o impasse tornou-o mais violento, e a população crescente em todos os pontos do globo fez que eclodissem as múltiplas necessidades humanas, avassaladoramente. O desinteresse dos governos arbitrários e autocratas, ao lado da negligência dos poderosos, resultante da sua consciente dominação, ampliou consideravelmente a ruína das multidões que, com suas misérias, passaram a constituir impressionante mole humana em escarmento da própria sociedade, que erigiu um monumento de ouro com teto de cultura sobre o pântano das lágrimas e das enfermidades, da desnutrição e do desespero de centenas de milhões de outros seres.

A Terra do superconforto de alguns poucos se transformou inesperadamente no "vale de lágrimas" de quase todos. No entanto, é um jardim-escola de bênçãos oferecido pelo Pai à criatura, que até então não tem sabido valorizar devidamente o patrimônio exuberante da oportunidade evolutiva, nem os recursos sublimantes de que se utiliza na contínua faina do progredir.

Legatário dos seus esforços o homem compromete-se para ressarcir, aprimorando-se paulatinamente através dos recursos do sofrimento, o pesado tributo de dor e sombra, a que milenarmente se encontra vinculado, descobrindo só pouco a pouco as fímbrias de luz da solidariedade, mediante a qual se liberta do jugo opressor da posse, ensaiando, então, os passos primeiros na enobrecida arte de amar.

O homem, quando cresce emocionalmente, experimenta de imediato o sôfrego desejo de ajudar, com o enobrecimento de quem se faz ajudado. A solidariedade é, desse modo, um compromisso interior assumido livre e espontaneamente, mediante o qual as pessoas se comprometem a ajudar-se reciprocamente na efetivação de esforços: "todos por um e um por todos".

O espírito solidário empreende o salutar dever de edificar-se mediante a construção do bem geral, fomentando a distribuição equânime dos recursos, estimulado pelos resultados eficientes do progresso comum.

Antítese do egoísmo, estrênuo adversário do homem, que o corrói por dentro, tal egoísmo fomenta a hecatombe da coletividade, asfixiando todos os ideais de vida, dificultando o desenvolvimento das Artes e da Cultura, da Ciência e da Técnica por encontrar campo fértil onde grassam os ingredientes da ignorância com que se compraz — a solidariedade constitui-se dínamo da ação bem dirigida, líder da operosidade valiosa, impulsionador dos avanços morais e intelectuais das comunidades que a estimulam.

Desenvolvimento

Não obstante a farta messe de luz do Cristianismo nascente, a sociedade romana, então dominante, não se encontrava preparada para agasalhar na sua cultura em decadência o acervo dos outros povos, nem para dirigir as imensas massas que se lhe tornaram escravas, após as guerras lamentáveis, incessantes e impiedosas. O homem, reduzido à condição de alimária pelas sucessivas constrições morais e sociais a que se via submetido, oscilava nas dúbias condições de dominador ou dominado, nunca, porém, na condição de ser deveras livre e independente, responsável pelo seu crescimento, capaz de gerir a própria vida, sem os excessos deste ou daquele porte. Os valores filosóficos que eram absorvidos pelo dominador ficavam esmagados pelas armas e pela subcultura do mandatário temporário, repontando, a medo, sem fixação ideológica, por meio dos "pedagogos" em regime de cativeiro, patrimônio das classes privilegiadas a sobrenadarem no poder.

O Cristianismo, sobejando as fortunas do amor, situava desde as primeiras horas a validade do impositivo fraternal, exteriorizando-se como manifestação de solidariedade, constituindo-se o "Colégio Galileu" a mais perfeita comunidade-padrão para as coletividades do futuro.

Roma, porém, absorvendo as lições empolgantes e clarificadoras de Jesus, impôs-se à força e com a arma dos preconceitos, mesclando com a chã idolatria a rapinagem tradicional e a ritualística que desvia a atenção da realidade para a aparência, a pureza da doutrina cristã, fazendo nascer um sincretismo pagão-cristão, em prejuízo do homem mesmo, em si e na sociedade, que continuaram, embora a nova fé, divididos em castas de dominadores e dominados, agora nas mãos da política religiosa, dirigente tão impiedosa quanto a governamental, senão com frequência mais inditosa.

A Idade Média encarregou-se de esmagar toda e qualquer iniciativa libertadora e, durante ela, o Feudalismo manteve o poder dos nobres em detrimento do povo, fazendo que a nobreza se transformasse no centro, em torno do qual se reuniam subservientemente os diversos Estados feudais. Engendrada e mantida a máquina arbitrária da usurpação do poder, somente aos nobres se permitiam direitos, ficando os demais homens submetidos à condição servil e plebeia, nas quais a liberdade não passava de irrisório sonho.

As Cruzadas se encarregaram de modificar a situação política na quase totalidade da Europa, constrangendo muitos senhores feudais a deixarem as prerrogativas que desfrutavam para armar-se e investirem contra o território *pagão* na defesa da tumba vazia do Cristo, com a consequente rapinagem dos bens orientais, considerados, então, os mais fabulosos tesouros do mundo... Animados mais pela cobiça do que pela fé, os *cruzados* tornaram-se móveis indiretos do destroçamento do nefando regime feudal. Ao lado disso, a instituição dos exércitos permanentes e os direitos cedidos à realeza, pelo Clero, foram-se encarregando de retomar aos senhores de territórios o poder de que dispunham...

Logo depois da Renascença, com os estudos do *Direito Romano* e a consequente difusão da técnica de *"centralização administrativa"*, fizeram que se desagregassem as bases remanescentes do vândalo regime. No entanto, o homem continuou joguete fácil no emaranhado das mudanças políticas e administrativas sem o reconhecimento dos seus direitos individuais e as classes *"menos favorecidas"*, esbulhadas sempre nas suas aspirações, permaneciam proibidas de crescer e libertar-se.

À Revolução Francesa, que eclodiu com as últimas luzes do século XVIII, coube a indeclinável tarefa de, em derrubando a Casa dos Bourbons, abrir horizontes novos à justiça, e, enquanto a liberdade se implantava sob caudais de sangue, a fraternidade fomentava o período do "terror" e a igualdade enlouquecia, as serenas páginas da História recebiam a inscrição débil, a princípio, dos "direitos do homem", constituindo essa vitória uma das mais altas conquistas sociais dos últimos séculos.

As lutas de classes e as investidas constantes da cultura social no século XIX e no presente impuseram como decorrência natural a aplicação dos códigos soberanos da solidariedade para a sobrevivência digna do ser e da comunidade a que pertence.

Os avanços tecnológicos e os investimentos culturais, exigindo o trabalho em equipe, vêm, por fim, disciplinando o homem para a solidariedade, meio eficaz de manter a dignidade, resistindo à avalancha dos desesperos que o sitiam por toda parte e parecem quase esmagá-lo.

Concomitantemente, o surgimento das entidades filantrópicas, clubes sociais e recreativos de caráter popular, onde os excessos opressivos funcionam em descargas, no comportamento, por meio dessas válvulas de escape, para manutenção do equilíbrio emocional, concitam o homem a ajudar o homem, mesmo que o fazendo mediante o consórcio da indiferença afetiva com as migalhas do excesso, dirigidas em benefício da comunidade que sofre. Organizações poderosas levantam-se hoje pelo mundo buscando oferecer auxílio aos povos menos favorecidos, vigiando a própria sobrevivência, pois que, se alguém tomba, com ele tomba a Humanidade, e vice-versa.

Solidariedade e Espiritismo

Sendo o Espiritismo a Doutrina da Caridade e do esclarecimento por excelência, a solidariedade é a primeira iniciativa que o homem promove para atingir aquele ideal de auxílio superior. Cultivando o intercâmbio entre os dois mundos, o Espiritismo mantém entre os seus discípulos o ideal da ajuda mútua, desde que, inspirados pelos Espíritos, os homens se encontram irmanados e imanados uns aos outros pelos liames do pretérito e através das aspirações do futuro. Centralizando suas afirmações nas "leis de causa e efeito", mediante as quais se podem compreender as diferenças humanas, sociais e morais das criaturas, torna-se alavanca de propulsão do serviço pelo bem recíproco, estimulando o labor no grupo social, sem desprestígio para o homem como célula individual.

Doutrina dos Espíritos, em sua generalidade abençoada, é

conjunto orquestral a modular divina sinfonia, na qual o solista é apenas Jesus, e somente Ele, o sublime autor e regente da partitura superior da vida, no orbe terreno.

Nesse conjunto de harmonias, que são as lições preciosas que difunde, o homem não se pode ensoberbecer, marchando a sós, na aventura perigosa e egoística da dominação, por destacar-se negativamente no grupo. Seria, assim, semelhante a um cantor que, pretendendo apresentar o mavioso da sua voz, se fizesse distinguir no coral, produzindo imediato e chocante prejuízo na homogeneidade musical.

Sentindo a dor do próximo como sua própria dor e a queda do irmão como desfalecimento da sua aspiração, o espírita se renova, renovando, também, e não descoroçoa quando estão em jogo os interesses de todos, mesmo que em detrimento do próprio interesse. A solidariedade que o vitaliza faz-se-lhe a alma das aspirações e engrandece-se pelo método de fazer-se móvel do progresso da comunidade, que se liberta, então, a penates, é certo, porém, com segurança, do jugo do egoísmo e do despotismo do orgulho.

Estudo e meditação

De que maneira pode o Espiritismo contribuir para o progresso? Destruindo o materialismo, que é uma das chagas da sociedade, ele faz que os homens compreendam onde se encontram seus verdadeiros interesses. Deixando a vida futura de estar velada pela dúvida, o homem perceberá melhor que, por meio do presente, lhe é dado preparar o seu futuro. Abolindo os prejuízos de seitas, castas e cores, ensina aos homens a grande solidariedade que os há de unir como irmãos.

(*O livro dos espíritos*, Allan Kardec. Questão 799.)

∽

O Espiritismo dilata o pensamento e lhe rasga horizontes novos. Em vez dessa visão, acanhada e mesquinha, que o concentra na vida atual, que faz do instante que vivemos na Terra único e frágil eixo do porvir eterno, ele, o Espiritismo, mostra que essa vida não passa de um elo no harmonioso e magnífico conjunto da obra do Criador. Mostra a solidariedade que conjuga todas as existências de um mesmo ser, todos os seres de um mesmo mundo e os seres de todos os mundos. Faculta assim uma base e uma razão de ser à fraternidade universal, enquanto a doutrina da criação da alma por ocasião do nascimento de cada corpo torna estranhos uns aos outros todos os seres. Essa solidariedade entre as partes de um mesmo todo explica o que inexplicável se apresenta, desde que se considere apenas um ponto.

(*O evangelho segundo o espiritismo*,
Allan Kardec. Cap. II, item 7.)

13
Tolerância

Conceito

A indulgência, a condescendência em relação a outrem, seja de referência às suas opiniões ou comportamento, ao direito de crer no que lhe aprouver, pautando as suas atitudes nas linhas que lhe pareçam mais compatíveis ao modo de ser, desde que não firam os sentimentos alheios, nem atentem contra as regras da dignidade humana ou do Estado, constitui a tolerância.

Apanágio das almas nobres, medra em clima de elevada cultura e de sentimentos superiores, espraiando-se nas comunidades em que o progresso forja a dignidade e combate o obscurantismo, a tolerância é medida de enobrecimento a revelar valores morais e ascendência espiritual.

Onde quer que um homem ou um povo lute pelas expressões da liberdade e da verdade, logo a tolerância se faz o florete com que esgrime na defesa das suas aspirações. Enflorece no estoico e frutesce no santo. Sempre que triunfa, ao seu lado fenecem o fanatismo e a perseguição de qualquer matiz, ensejando campo para o entendimento pacífico, no qual os homens se revelam sem peias coarctadoras, sucumbindo sob os escombros das manobras infelizes que promovem.

Nem sempre compreendida, porque adversária da tirania e opositora da prepotência, é malevolamente confundida com a indiferença ou a covardia moral.

Supõem-na, os árbitros da arrogância, como acomodação conivente ou submissão servil, contra o que se rebelam, por exigirem subserviência total e desfalecimento das aspirações nobres naqueles que os devem atender.

A tolerância, porém, jamais conive; antes se oferece aos que a estimam e a exercitam com altos critérios de renovação íntima, paciência, humildade e coragem.

Não se impondo, expõe com perseverança e conquista pela lógica da razão, auxiliando no amadurecimento do interlocutor ou do adversário que se lhe opõe, sem azedume ou precipitação.

A muitos compraz vencer, esmagar, sobressair, embora os métodos infelizes impetrados e os ódios gerados. E vencer é tarefa de fácil consecução, desde que se pretenda triunfar sobre os outros. Multiplicam-se métodos da hediondez e da pusilanimidade, desde os que destroem o corpo aos que dilaceram a alma.

A urgente tarefa a que todos se devem atirar é a de vencer-se a si mesmo, sublimando as más tendências e mantendo vitória sobre as inclinações negativas e as paixões subalternas do espírito enfermo.

A tolerância, pela argumentação em que se firma, convence quanto à necessidade de respeitar-se e amar-se, concedendo-se ao próximo o direito de fruir e experimentar tudo quanto se deseja para si próprio. Manifesta-se invariavelmente como boa disposição, mesmo em relação às ideias e pessoas que não são gradas.

Acima da conivência, expressa segurança de opinião e firmeza de proceder.

Considerações

Raramente a História revela a presença da tolerância nos seus fastos. Sempre dominou a imposição política, filosófica e religiosa, pela qual pequenas minorias tidas como privilegiadas exigiram total subordinação aos seus postulados, raramente salutares ou benéficos para a coletividade.

A seu turno, a intolerância, que se alia à covardia, foi a grande fomentadora de mártires e supliciados, nos múltiplos setores da vida, fazendo que irrigassem com o seu sangue as plântulas dos formosos ideais de que se fizeram apóstolos.

No que se refere ao *tolerantismo*, a predominância da Igreja Católica, na Europa Meridional, durante toda a Idade Média, se impunha, impedindo qualquer liberdade de culto e exigindo ao poder civil a aplicação de medidas legais aos que considerava heréticos, culminando, normalmente, tais conchavos, na punição capital da vítima.

Com a Reforma surgiram os pródromos de um *tolerantismo* por parte do Estado, que desapareceria ao irromper das imposições do Protestantismo, repetindo os mesmos erros do Clero romano, no que redundaram a Contrarreforma e as lamentáveis guerras de religião dos séculos XVI e XVII, cujos lampejos infelizes vezes que outras reacendem labaredas destruidoras.

A John Locke, o pai do *Empirismo*, deve-se a *Carta sobre a Tolerância*, iniciada em 1689, por meio da qual muitos pensadores se insurgiram, seguindo-lhe o exemplo, contra a ortodoxia religiosa.

Posteriormente os enciclopedistas se rebelaram, preconizando o tolerantismo a nascer e fomentar a tríade que serviria de base para a Revolução Francesa de 1789, que, no entanto, descambou, igualmente, para a intolerância, a perseguição e os crimes contra os "direitos humanos", apesar de havê-los gerado na madre dos ideais eloquentes das horas primeiras.

O século XIX dilatou o conceito da tolerância, embora as lutas de opinião entre *liberais* e *conservadores* que, em controvérsias contínuas, pugnavam, os primeiros, pelo respeito às opiniões alheias, e os segundos, pela obediência como respeito às ideias políticas e religiosas predominantes.

Pouco a pouco, à medida que o homem emerge da ignorância e sonha com o Infinito que o abraça, a tolerância atende-lhe a sede de crescimento e a ânsia de evolução.

Conclusão

Havendo surgido a Codificação do Espiritismo em meados do século XIX, quando a Religião Católica, na França, fazia parte do Estado e se impunha dominadora, os Espíritos excelsos, pontificando nas leis de amor, fizeram que Allan Kardec estabelecesse como um dos postulados relevantes a tolerância, na qual a caridade haure sua limpidez e grandeza para ser a virtude por excelência.

Tolerância, pois, sempre, porquanto, por meio de seus ensinos, a fraternidade distende braços, enlaçando cordialmente toda a família humana.

Estudo e meditação

Que se deve pensar dos que abusam da superioridade de suas posições sociais, para, em proveito próprio, oprimir os fracos? Merecem anátema! Ai deles! Serão, a seu turno, oprimidos: renascerão numa existência em que terão de sofrer tudo o que tiverem feito sofrer aos outros.
(*O livro dos espíritos*, Allan Kardec. Questão 807.)

∽

Sustentai os fortes: animai-os à perseverança. Fortalecei os fracos, mostrando-lhes a bondade de Deus, que leva em conta o menor arrependimento; mostrai a todos o anjo da penitência estendendo suas brancas asas sobre as faltas dos humanos e velando-as assim aos olhares daquele que não pode tolerar o que é impuro. Compreendei todos a misericórdia infinita de vosso Pai e não esqueçais nunca de lhe dizer, pelos pensamentos, mas, sobretudo, pelos atos: "Perdoai as nossas ofensas, como perdoamos aos que nos hão ofendido." Compreendei bem o valor destas sublimes palavras, nas quais não somente a letra é admirável, mas principalmente o ensino que ela veste.
(*O evangelho segundo o espiritismo*, Allan Kardec. Cap. X, item 17.)

14

Fé

Conceito

No sentido comum a crença em algo constitui a fé. Normalmente inata, manifesta-se pelo seu caráter natural em aceitar as coisas e realidades conforme se apresentam, sem mais amplas indagações.

É inata em todos os homens, constituindo particular e especial manifestação do ser.

Ninguém está isento da sua realidade, porquanto é parte integrante de cada vida.

Naturalmente procede da ancestralidade do próprio homem, resultado de experiências objetivas ou não, que se lhe implantaram no inconsciente e cada vez mais se fixa pelo processo automático em que se fundamenta.

Realiza-se, porém, a fé, na sua plenitude, quando é consequência da razão.

A fé natural, à medida que se apoia no objeto que lhe constitui a crença, transcende a própria capacidade, transformando-se em estado de espírito.

Tem a propriedade de abrasar o espírito, dispô-lo aos lances arrojados. Quando honestamente elaborada é calma e fecunda, propiciando equilíbrio físico e psíquico que sustenta a vida humana.

Desenvolvimento

O Direito Romano considerava a fé nos contratos, dando-lhe o atributo de "ação de boa fé", ações essas enumeradas nas *Institutas*, de Gaio e de Justiniano, que elaboram as primeiras linhas em que fundamentavam tais regras. Posteriormente evoluiu o conceito no Direito moderno, dando-lhe mais ampla conotação.

Psicologicamente exterioriza-se pela busca de fatos, mediante os processos da intuição e da dedução, com o consentimento do intelecto em decorrência de um testemunho.

A fé religiosa, no entanto, concita à tácita aceitação dos dogmas e preceitos das religiões, não poucas vezes eivados de superstições, impedindo o discernimento por parte dos fiéis.

A Igreja Romana, tomando-a como um dos seus fundamentos, tornou-a uma das virtudes teologais, considerando-a qualidade essencial para a salvação do homem.

A Reforma, a seu turno, constituiu-a única razão, fator primeiro e último, transformando-a na base sem a qual a salvação se faz impossível.

Diverge da crença pura e simples, graças às razões como pela ação espiritual em que se sustenta. Enquanto a crença aceita algo verdadeiro ou falso, sem o concurso da razão, a fé transcende à própria razão, mediante sutilezas metafísicas, desdobrando-se em sentido especial.

Indubitavelmente, para qualquer edificação, a fé se eleva a fator precípuo, por meio do qual se levantam e materializam os ideais de enobrecimento da Humanidade.

Todavia a fé que não produz é semelhante à lâmpada aparatosa que não esparze claridade: é inútil.

Assim considerando, asseverava Tiago que a "fé sem as obras é inoperante".

Imperioso que a fé, no afã de engrandecer-se, indague, perquira, realize, a fim de poder resistir às circunstâncias adversas, às decepções de qualquer expressão, porquanto, fundamentada em fatos iniludíveis, sobrevive aos escombros e destroços das crenças ruídas e das Instituições malogradas.

Para legitimar-se, a fé se deve consorciar com a *razão* que elucubra e analisa, passando pelo crivo da argumentação lógica tudo em que crê.

Fé e Espiritismo

Sendo a Doutrina Espírita a religião que estua no fato comprovado da Imortalidade, faculta à fé os óleos mantenedores da sua flama, pela consistência dos seus postulados, decorrentes da observação, da confirmação incontestável e dos conceitos relevantes que lhe constituem a linha ético-filosófica de afirmação.

Desse modo, a fé torna-se consciente, graças à experiência pessoal do crente em relação ao fato, dando-lhe ciência individual do conhecimento em que se afirma, libertando e felicitando o homem. Torna-se verdadeira, despertando os sentimentos da humildade e da ponderação em que consubstancia os postulados espirituais que lhe servem de base.

Constitui força motriz para a caridade — a virtude por excelência —, em cujo labor o espírito se engrandece e alcança a plenitude.

Não foi por outra razão que Allan Kardec, o escolhido para embaixador do Espírito de Verdade, conceituou: "*Fé inabalável só o é a que pode encarar frente a frente a razão, em todas as épocas da Humanidade.*"

∼

Estudo e meditação

Em que consiste a adoração?
Na elevação do pensamento a Deus. Deste, pela adoração, aproxima o homem sua alma.
Origina-se de um sentimento inato a adoração, ou é fruto de ensino?
Sentimento inato, como o da existência de Deus. A consciência da sua fraqueza leva o homem a curvar-se diante daquele que o pode proteger.
(*O livro dos espíritos*, Allan Kardec. Questões 649 e 650.)

∼

[...] A fé raciocinada, por se apoiar nos fatos e na lógica, nenhuma obscuridade deixa. A criatura então crê, porque tem certeza, e ninguém tem certeza senão porque compreendeu. Eis por que não se dobra.
(*O evangelho segundo o espiritismo*, Allan Kardec. Cap. XIX, item 7.)

15
Esperança

Conceito

Irmã gêmea da Fé, a Esperança, também catalogada como uma das três virtudes teologais, é a faculdade que infunde coragem e impele à conquista do bem.

Quando as circunstâncias conspiram contra realizações superiores, perturbando e afligindo, a Esperança revigora o entusiasmo e insufla o necessário ânimo para o prosseguimento até o fim. Em Deus haure a força de que se reveste, a fim de vitalizar os postulados em que se firma.

Aos seus auspícios, a calamidade se modifica e sobre os destroços levanta o progresso; o solo crestado, sob sua assistência cordial, perseverante, se converte em jardim e pomar; a enfermidade, ante sua assessoria, propicia eupatia lenificadora, ensejando a saúde; a derrota excruciante, em face da sua constância, ressurge como triunfo, transformando os falsos valores do despotismo e da violência, legados terrenos de efêmera qualidade, em alegrias espirituais insubstituíveis.

A Esperança constitui o plenilúnio dos que sofrem a noite do abandono e da miséria, conseguindo que lobriguem o porvir ditoso, não obstante os intrincados obstáculos do presente. É o cicio caricioso na enxerga da enfermidade e a voz socorrista aos ouvidos da viuvez e da orfandade, consolo junto ao espírito combalido dos que jazem no olvido, exortando: "Bom ânimo e coragem! Olhos vigilantes, ouvidos atentos e braços vigorosos acompanham vossas aflições, veem e ouvem vossos penares, distendendo recursos na vossa direção. Não vos entregueis à revolta ou à desolação: esperai!"

Amparo dos fracos, é a Esperança a força dos fortes e a resistência dos heróis. Quando falecem os recursos humanos, sempre deficitários, à semelhança de anjo, acerca-se, envolvente, e levanta os que tombaram, ajudando-os a reencetar a jornada e avançar. Ânimo dos vencidos, converte o galé em estoico lutador e são as suas inspirações que, por meio da pena, transmuda a vitória do canhão em derrota sob a palavra que exorta à liberdade e à honra.

No singelo berço, em Belém, lucilou com astros de alegrias uma excelsa família, e na cruz, erguida no Gólgota, recolheu o porejar de sangue que orvalhava a sublime face do Justo.

Considerações

Dois adversários se antepõem à Esperança: a presunção, que faz que o homem, petulante, confie nas próprias possibilidades, sem contar com o auxílio divino, ensoberbecendo-se; e o desespero, que conduz à dúvida a respeito da misericórdia excelsa de Deus, em relação aos filhos.

A Esperança, como de fácil entendimento, pressupõe a Fé, sem cujo arrimo fenece; e, mediante a contribuição desta, confia na Revelação de que se fez portador Jesus Cristo. Pelas forças que infunde, o homem de Deus espera em confiança a paz na Terra, em decorrência da conduta reta e do trabalho profícuo, e depois da desencarnação as alegrias refazentes e perenes, resultantes das promessas cristãs.

Sendo o sofrimento uma natural consequência da leviandade ou do desequilíbrio moral a que o homem se permite, na esteira das reencarnações, a Esperança constitui-lhe o estímulo para o soerguimento pessoal ante as leis de harmonia, representativas das divinas leis.

De vital importância no exercício da Caridade, a Esperança ensina a confiar nos resultados posteriores da ação relevante, embora as aparentes condições adversas.

Quando o santo oferece a vida à comunidade, o apóstolo à abnegação, o artista à beleza, o cientista à pesquisa e o trabalhador à ação, arrimam-se todos à Esperança na expectativa dos resultados felizes.

Dirimindo suspeitas e assegurando tranquilidade, a Esperança, humilde e imperturbável, é semelhante à bússola para os nautas e guia experiente para as caravanas. Aponta rumos de felicidade e não se detém no pórtico das realizações: adentra-se na ação infatigável e, estuante, alcança o êxito que persegue.

Conclusão

Enquanto estrugem alucinações e o aliciamento à desordem irrompe assustador, adicionando aflições dormidas a sofrimentos nascentes, fazendo crer na falência dos títulos de dignificação humana, como se os louros da honra fenecessem subitamente, num retrocesso ético lamentável, a Esperança luariza os espíritos e os conclama a paz, ao amor, ao dever.

Sua melodia encontra na voz dos imortais a ressonância edificante que fala do futuro espiritual, após as múltiplas vicissitudes na organização somática, entoando hinos de exaltação à resistência contra o mal e à perseverança no bem.

Dileta filha do amor aponta o exemplo de Jesus como a suprema dádiva, a que o homem deve aspirar para conseguir uma vida perfeita.

Estudo e meditação

Ao justo, nenhum temor inspira a morte, porque, com a fé, tem ele a certeza do futuro. A esperança fá-lo contar com uma vida melhor; e a caridade, a cuja lei obedece, lhe dá a segurança de que, no mundo para onde terá de ir, nenhum ser encontrará cujo olhar lhe seja de temer.

(*O livro dos espíritos*, Allan Kardec. Questão 941.)

A esperança e a caridade são corolários da fé e formam com esta uma trindade inseparável. Não é a fé que faculta a esperança na realização das promessas do Senhor? Se não tiverdes fé, que esperareis? Não é a fé que dá o amor? Se não tendes fé, qual será o vosso reconhecimento e, portanto, o vosso amor?

(*O evangelho segundo o espiritismo*, Allan Kardec. Cap. XIX, item 11.)

16
Caridade

Conceito

Virtude por excelência constitui a mais alta expressão do sentimento humano, sobre cuja base as construções elevadas do espírito encontram firmeza para desdobrarem atividades enobrecidas em prol de todas as criaturas.

Vulgarmente confundida com a esmola — essa dádiva humilhante do que sobeja e representa inutilidade — a caridade excede, sobre qualquer aspecto considerada, as doações externas com que supõe em tal atividade encerrá-la.

Sem dúvida, valioso é todo gesto de generosidade, quando consubstanciado em dádiva oportuna ao que padece tal ou qual aflição, lenindo nele as exulcerações físicas ou renovando-lhe o ânimo, com que fortalece o aflito para as atividades redentoras.

Entretanto, a caridade que se restringe às oferendas transitórias, não poucas vezes pode ser confundida com filantropia, esse ato de amor fraterno e humano que identifica certos homens ao destinarem altas somas que se aplicam em obras de incontestável valor, financiando múltiplos setores da Ciência, da Arte, da Higiene, do Humanismo...

Henry Ford, John Rockefeller e inúmeros outros homens de bem foram filantropos eméritos a cuja contribuição a Humanidade deve serviços de inapreciável qualidade, que se converteram em lenitivo para multidões, espraiando dadivosas oportunidades para países e povos de diversas regiões da Terra.

Vicente de Paulo, Damien de Veuster, João Bosco e tantos outros, todavia, se transformaram em apóstolos da caridade, pois que nada possuindo entre os valores transitórios do dinheiro ou do poder, ofertaram tesouros de amor e fecundaram, em milhões de vidas, o pólen da esperança, da saúde, da alegria de viver, lecionando exemplo rutilante com o qual convocaram multidões de Espíritos ao prosseguimento do seu ministério que nem a morte conseguiu interromper...

A caridade para ser praticada nada exige, e, no entanto, tudo oferece. Pode ser caridoso o homem que nada detém e é capaz de amar até o sacrifício da própria vida. Enquanto o filantropo se exalça, mediante o excedente de que salutarmente se utiliza, na preservação do bem, na edificação da beleza, na manutenção da saúde.

Para a legítima caridade é imprescindível a fé, sem o que não lobriga a transcendente finalidade. Sem embargo, para a aplicação filantrópica basta um arroubo momentâneo, uma motivação estimulante, uma explosão idealista.

A caridade é sobretudo cristã e esteve sempre presente em toda a vida de Jesus, seu insuperável divulgador e expoente, porque repassava todas as suas doações com o inefável amor, mesmo quando visitado pelo impositivo da energia.

A filantropia, não obstante o valioso tributo de que se reveste, independe da fé, não se caracteriza pelo sentimento cristão, é irreligiosa, brotando em qualquer indivíduo, mesmo entre déspotas ou estroinas, vaidosos ou usurpadores, o que significa já avançado passo de elevação moral.

Enquanto uma é humilde e se apaga, ocultando as mãos do socorro e reconhecendo não haver feito tudo quanto deveria, a outra pode medrar arbitrariamente, recebendo o prêmio da gratidão e o aplauso popular, engalanada na recompensa da referência bajulatória ou imortalizada na estatuária e nos monumentos, igualmente transitórios...

Inegavelmente, é melhor para o homem promover, fazer, estimular o bem e desenvolver a felicidade geral, do que, disfarçando-se para fugir do dever de ajudar, por meio de falsos escrúpulos nada produzir, coisa alguma realizar.

Ideal, porém, seria o filantropo atingir a mais alta expressão do seu investimento, culminando na caridade que transforma o próprio doador como alguns hão logrado.

Desenvolvimento

O apóstolo Paulo, o incomparável pregoeiro das verdades eternas, melhor do que ninguém, escrevendo aos Coríntios a sua Primeira Carta, nos versículos 1 a 7 e 13 do capítulo 13, definiu a caridade na sua máxima significação: *"Ainda que eu falasse todas as línguas dos homens e a língua dos próprios anjos, se eu não tiver caridade serei como o bronze que soa ou um címbalo que retine; ainda quando tivesse o dom da profecia, que penetrasse todos os mistérios, e tivesse perfeita ciência de todas as coisas; ainda quando tivesse toda a fé possível, até ao ponto de transportar montanhas, se não tiver caridade, nada sou. E, quando houvesse distribuído os meus bens para alimentar os pobres e houvesse entregado meu corpo para ser queimado, se não tivesse caridade, tudo isso de nada me serviria."*

"A caridade é paciente; é branda e benfazeja; a caridade não é invejosa; não é temerária, nem precipitada; não se enche de orgulho; não é desdenhosa; não cuida de seus interesses; não se agasta nem se azeda com coisa alguma; não suspeita mal; não se rejubila com a injustiça, mas se rejubila com a verdade; tudo suporta, tudo crê, tudo espera, tudo sofre."

"Agora, estas três virtudes: a Fé, a Esperança e a Caridade permanecem; mas, dentre elas, a mais excelente é a Caridade."

E determinou com incomparável sabedoria, sob superior inspiração alguns dentre os diversos carismas, mediante sua prática o cristão alcança plenitude de paz, na convulsão envolvente do caminho por onde evolui, no corpo somático: o de pregar e ensinar a verdade cristã — caridade do ensino; o dos auxílios a pobres e enfermos — caridade do socorro; o de curar — caridade para com a saúde...

Caridade e Espiritismo

Escudando na caridade o recurso único, sem o qual o homem não consegue salvar-se, Allan Kardec penetrou as inesgotáveis fontes da Espiritualidade fazendo que a Doutrina Espírita tivesse como objetivo precípuo a salvação do Espírito, arrancando-o em definitivo da constrição das reencarnações inferiores, em cujos vaivéns se compromete para logo expungir e se desequilibra para depois se reorganizar.

Por meio dos complexos meandros da Ciência Espírita o investigador consciente e devotado culmina na certeza indubitável da indestrutibilidade da vida e da imortalidade; mediante as demoradas lucubrações pelas trilhas variadas da Filosofia Espírita compreende a lógica irretorquível da vida, mesmo diante dos aparentes disparates e aberrações da Lei como em face das mil incógnitas dos destinos, defrontando a justiça equânime, imparcial para com todos, a todos facultando os mesmos recursos de autoburilamento com a recuperação dos valiosos tesouros da harmonia interior; pelo inter-relacionamento com a Divindade de *quem* se aproxima e a *quem* se revincula, pela Religião com que se afervora, acima das exterioridades frui o benefício da perfeita comunhão, com que se refaz e capacita para a felicidade real, indestrutível e plena.

Embora estabeleça a necessidade de o homem promover e praticar a caridade material, necessária e de subida significação, propugna o Espiritismo, também e especialmente, pela caridade moral, a que exige melhores condições ao Espírito, portanto, mais importante, quando conclama aquele que a pratica à própria elevação com que se sublima e edifica interiormente.

Na sua execução não se cansa, não se exaure, não reclama, não se considera, tudo dá, mais do que dá: dá-se!

Jesus, culminando o seu ministério entre os homens da Terra, após as incontáveis doações pela estrada da compaixão e da misericórdia, com que a todos socorreu e leniu, doou-se, deu a vida na cruz como sublime legado de amor, inapagável luz de Caridade que passou a clarear os milênios porvindouros afora, desde aquele momento.

∼

Estudo e meditação

> Por que indícios se pode reconhecer em um homem o progresso real que lhe elevará o Espírito na hierarquia espírita?
> O Espírito prova a sua elevação, quando todos os atos de sua vida corporal representam a prática da Lei de Deus e quando antecipadamente compreende a vida espiritual.

Verdadeiramente, homem de bem é o que pratica a lei de justiça, amor e caridade, na sua maior pureza. Se interrogar a própria consciência sobre os atos que praticou, perguntará se não transgrediu essa lei, se não fez o mal, se fez todo bem que *podia*, se ninguém tem motivos para dele se queixar, enfim se fez aos outros o que desejara que lhe fizessem.

Possuído do sentimento de caridade e de amor ao próximo, faz o bem pelo bem, sem contar com qualquer retribuição, e sacrifica seus interesses à justiça.

(*O livro dos espíritos*, Allan Kardec. Questão 918.)

∽

Meus filhos, na sentença: Fora da caridade não há salvação, *estão encerrados os destinos dos homens, na Terra e no céu; na Terra, porque à sombra desse estandarte eles viverão em paz; no céu, porque os que a houverem praticado acharão graças diante do Senhor. Essa divisa é o facho celeste, a luminosa coluna que guia o homem no deserto da vida, encaminhando-o para a Terra da Promissão. Ela brilha no céu, como auréola santa, na fronte dos eleitos, e, na Terra, se acha gravada no coração daqueles a quem Jesus dirá: Passai à direita, benditos de meu Pai. Reconhecê-los-eis pelo perfume de caridade que espalham em torno de si.*

(*O evangelho segundo o espiritismo*,
Allan Kardec. Cap. XV, item 10.)

17
Felicidade

Escolas antigas

Desde a mais recuada Antiguidade o homem sentiu necessidade imperiosa quão inadiável de vencer a dor e as vicissitudes, libertando-se da angústia e superando o medo da morte. Sustentado nos primeiros tentames pela inspiração espiritual buscou na intimidade dos santuários a elucidação de vários dos enigmas que o afligiam, para diminuir a crueza das perspectivas de sombra e morte a que se via constrangido considerar. No entanto, com o nascimento das primeiras escolas de pensamento, que buscavam, por meio dos seus insignes mestres, a elucidação dos tormentosos mistérios a respeito da vida, perlustrou roteiros diversos, ora em ansiedade, ora em lassidão, padronizando por meio de regras fixas uma conceituação filosófica de tal modo eficaz que o libertasse do medo, fazendo-o tranquilo.

Sem remontarmos à Antiguidade Oriental estabeleceu-se, a princípio, na Grécia, que a felicidade se nutre do belo, por meio do gozo que decorre da cultura do espírito. Enquanto viveu, Epicuro procurou demonstrar que a sabedoria é verdadeiramente a chave da felicidade, mediante a qual o homem desenvolve as inatas aptidões da beleza, fruindo a satisfação de atender as mais fortes exigências do ser.

Pugnavam os *epicuristas* pela elevação de propósitos, demonstrando que as sensações devem ceder lugar às emoções de ordem superior, a fim de que o homem se vitalize com as legítimas expressões do belo, consequentes aos exercícios da virtude por meio da qual há uma superior transferência dos desejos carnais para as alegrias espirituais.

Posteriormente o ideal *epicurista*, também chamado *hedonista*, sofreu violenta transformação, passando essa Escola a representar um conceito deprimente, por expressar gozo, posse, prazer sensual. Fixaram os *descendentes* do filósofo de Samos — que elaborara o seu pensamento nas lições de Demócrito, oferecendo-lhe vitalidade moral —, o *epicurismo* nas lutas pela propriedade, ensinando que o homem somente experimenta felicidade quando pode gozar, seja por meio do sexo desgovernado ou mediante o estômago saciado. Fomentaram a máxima: *possuir para gozar, ter para sobreviver,* esquecidos de que a posse possui o seu possuidor, não poucas vezes, atormentando-o, por fazê-lo escravo do que tem.

Antes do pensamento *epicurista*, Diógenes, cognominado o *Cínico*, graças à sua forma de encarar e viver a vida, estabelecia que o homem deve desdenhar todas as leis, exceto as da Natureza, vivendo de acordo com a própria consciência e com total desprezo pelas convenções humanas e sociais. Era um retorno às manifestações naturais da vida, em harmonia com o direito de liberdade em toda a sua plenitude. Pela forma como conceituava a Filosofia, incorporando-a à prática diária, foi tido por excêntrico. Desdenhando os bens transitórios passou a habitar um tonel. E como visse oportunamente um jovem a sorver água cristalina que tomava de uma fonte com as mãos em concha, despedaçou a escudela de que se servia por considerá-la inútil e supérflua, passando a fazer como acabava de descobrir... Desconsiderou, em Corinto, o convite que lhe fora feito por Alexandre Magno, desprezando a *honra* de governar o mundo ao seu lado e admoestando-o por tomar-lhe o que chamava "o meu sol".

Fundamentada no amor à Natureza e suas leis, a doutrina *cínica* considerava a desnecessidade do supérfluo e a perfeita integração do homem na vida, pois que nada possuindo não podia temer a perda de coisa alguma, desenvolvendo o sentido ético do "respeito à vida". Os continuadores exaltados, porém, transformaram-na em uma reação contra as regras da vida, semeando o desdém ou proclamando uma liberdade excessiva, a degenerar-se em libertinagem.

Toda vez que o direito precede ao dever esse se desequilibra pela ausência de bases que lhe sustentem os interesses, pois que somente pode usufruir quem haja retamente exercido o compromisso que a vida lhe impõe.

A liberdade é o direito inato, mas desde quando perturba o direito alheio faz-se prejuízo da comunidade em que se exterioriza.

Enquanto o homem não adquire o legítimo amadurecimento espiritual que o faz espírito adulto, não pode viver em regime de liberdade total, por faltar-lhe responsabilidade.

Contemporaneamente, floresceu o pensamento *estoico*, cujos fundamentos estão acima da condição da posse ou de sua ausência, mas da realidade do ser, do tornar-se. Zenão de Cício, seu preconizador, expunha, vigoroso, quanto à necessidade de se banirem da vida as expressões da afetividade e da emotividade, que, segundo lhe parecia, causavam apego e produziam dor. Desejando libertar o homem de qualquer retentiva na retaguarda, predispunha-o para enfrentar as vicissitudes e os sofrimentos com serenidade, libertando-o de toda constrição capaz de infelicitá-lo. Ensinava que o essencial na vida é a própria vitalidade interna, o encontro com o *eu*, tangenciando-o para a suprema forma das atitudes de natureza subjetiva. *"O homem são os seus valores íntimos"*, lecionava, desejoso de fazer que o conceito fecundasse na alma humana. No entanto, pelo impositivo de reação aos elementos constitutivos do afeto e da emoção, não conseguiu oferecer a segurança básica para a felicidade, por tornar o homem inautêntico, transformado em máquina insensível ao amor, à beleza, ao sofrimento...

À mesma época, viveu Sócrates, considerado o pai da ciência moral, que a exemplificou em si mesmo, em caráter apostolar. Criticando e satirizando os falsos conceitos estabeleceu as regras da virtude, aplicando-as na própria vida. A sua *dialética* a expressar-se, não raro de forma irônica, combatia os males que os homens fomentam para gozarem de benefícios imediatos, objetivando com essa atitude de reta conduta o bem geral, a felicidade comunitária.

Diante dos juízes que o examinavam sob pretexto falso, manteve serenidade superior, sendo um precursor do pensamento cristão, relevantes como eram suas preciosas lições. E diante da morte que lhe foi imposta, pela cicuta que sorveu, conservou absoluta serenidade, conforme se constata pouco antes dela pelo célebre diálogo mantido com Críton, seu jovem e nobre discípulo, que o visitara no cárcere. *"O homem não são as suas roupas, o seu invólucro, mas o seu espírito"* — afirmou, integérrimo, preferindo o cárcere e a morte à desonra, ele que devia ensinar conduta reta e consciência tranquila. O seu legado ético é de relevante valor moral e espiritual, rescendendo o sutil aroma da sua filosofia de vida no *idealismo* que Platão apresenta nos memoráveis *Diálogos*, que refletem sempre a grandeza do mestre, verdadeiro pioneiro das ideias cristãs e espíritas.

Conceituação Moderna

Abandonando o empirismo através dos tempos, o pensamento atingiu o período tecnológico, estabelecendo a chamada "sociedade de consumo" e fomentando entre as nações a divisão dos países segundo o *desenvolvimento, subdesenvolvimento* e o *terceiro mundo*. Resultado de diversas guerras calamitosas e destruidoras o espírito hodierno experimentou vicissitudes jamais imaginadas, derrapando pelos resvaladouros do pessimismo e do imediatismo, em busca de soluções apressadas para os velhos e magnos problemas da vida, sem encontrar a fórmula correta para atingir a felicidade. As lutas de classes e o despotismo do poder, incrementados pelas paixões da posse, estabeleceram as regras da usurpação, gerando a miséria social em escala sem precedentes, graças ao desmedido conforto de alguns poucos com absoluta indiferença ante o abandono das coletividades espoliadas. O homem moderno, no entanto, parece ter-se perdido a si mesmo, conquanto as luzes clarificantes do pensamento cristão insistindo teimosamente para romperem a treva do dogmatismo e da insatisfação filosófica. O século XIX, herdando as valiosas lições de liberdade e justiça dos pensadores e paladinos do último quartel da centúria anterior, encarregou-se de zombar da fé, e o ceticismo apoderou-se das consciências que foram arrojadas na direção do futuro sem paz e em desesperança, na busca dos roteiros libertadores.

Depois da Segunda Guerra Mundial o *existencialismo* reconduziu o homem à caverna, fazendo-o mergulhar nos subterrâneos das grandes metrópoles e ali se entregando à fuga da consciência e da razão pelo prazer, numa atitude de desconsideração pela vida, alucinado pelo gozo imediato.

Felicidade

Da aberração pura e simples a desequilíbrio cada vez mais grave, renovando-se os painéis de paixões exacerbadas, a juventude desgovernou-se e a filosofia da *"flor e do amor"* assumiu proporções alarmantes, na atualidade, conclamando os homens éticos e pugnadores da ciência da alma a atitudes de urgente e severa observação, para procederem à elaboração de novos conceitos filosóficos capazes de estancarem a onda de sexo, erotismo e degradação que de tudo e todos se apodera. Todo o velho sistema de Diógenes, condimentado pelo superluxo e supremo desinteresse pela vida, eclodiu nas últimas manifestações filosóficas, transformando os alucinógenos e barbitúricos em apetecidos manjares para as fugas espetaculares à realidade e mergulho no *nada*, do qual despertam mais apáticos, amargos e inditosos.

Sem qualquer fundamento ético, abandonando a afirmação otimista da vida, o homem moderno atravessa e vive poderosa crise filosófica que o aparvalha ante os prognósticos deprimentes sobre o futuro.

Os fantasmas da guerra e os fluidos dos preconceitos de vária ordem, mantidos multissecularmente a exsudarem miasmas venenosos, surpreendem a atual sociedade, gerando anarquia e violência sob os estímulos de paixões desregradas, levadas à máxima exteriorização. O homem recorda a vida tribal e procura fugir das regras estabelecidas, por desvitalizadas, buscando criar comunidades para o prazer em comunhão com a Natureza. Atormentado, porém, pelo desequilíbrio interior, infesta o ideal de liberdade com a virulência dos instintos em descontrole, obliterando as fontes do discernimento, com que engendra argutos programas de alucinação e morte, sem lobrigar o cobiçado aniquilamento, o róseo fim de sonho e esquecimento...

Felicidade e Jesus

Estabelecendo, conforme o *Eclesiastes*, que a verdadeira "felicidade não é deste mundo", Jesus preconizou que o homem deve viver no mundo sem pertencer a ele, facultando-lhe o autodescobrimento para superar o instinto e sublimá-lo com as conquistas da razão, a fim de planar nas *asas* da angelitude. Não é feliz o homem em possuir ou deixar de possuir, mas pela forma como possui ou como encara a falta da posse. O homem é mordomo, usufrutuário dos talentos de que se encontra temporariamente investido na condição de donatário, mas dos quais prestará contas. O *ter* ou deixar de *ter* é consequência natural de como usou ontem a posse e de como usará hoje os patrimônios da vida, que sempre pertencem à própria vida, representando nosso Pai Excelso e Criador.

Situando no "amar ao próximo como a si mesmo" a pedra fundamental da felicidade, o Cristo condiciona a existência humana ao supremo esforço do labor do bem em todas as direções e latitudes da vida, dirigido a tudo e todos, e elucida que cada um possui o que doa. A felicidade é o bem que alguém proporciona ao seu próximo. O *eu* se anula, então, para que nasça a comunidade equilibrada, harmônica e feliz. A alegria de fazer feliz é a felicidade em forma de alegria.

Construída nas bases da renúncia e da abnegação, a felicidade não é imediata, fugaz, arrebatadora e transitória. Caracteriza-se pela produtividade através do tempo e é mediata, vazada na elaboração das fontes vitais da paz de todos, a começar de hoje e não terminar nunca. Por isso não é "deste mundo".

Vivendo as dores e necessidades do povo, Jesus padronizou a busca da felicidade no amor por ser a única fonte inexaurível, capaz de sustentar toda aflição e vencê-la, paulatinamente. E amando, imolou-se num ideal de suprema felicidade.

Espiritismo e felicidade

Concisa e vigorosamente fundamentada no Cristianismo, a Doutrina Espírita apresenta a felicidade e a desgraça como a consequência das atitudes que o homem assume na rota evolutiva pelo cadinho das incessantes reencarnações.

O espírito é a soma das suas vidas pregressas.

Quanto haja produzido reaparece-lhe como título de paz ou promissória de resgate, propondo, o homem mesmo, as diretrizes e as aquisições do caminho a palmilhar. Quanto hoje falta, amanhã será completado. O excesso, hoje em desperdício, é ausência na escassez do futuro. Todo o bem que se pode produzir é felicidade que se armazena.

A filosofia da felicidade à luz do Espiritismo se compõe da correta atitude atual do homem em relação à vida, a si mesmo e ao próximo, estatuindo vigorosos lances que ele mesmo percorrerá no futuro. As dores, as ansiedades e as limitações são exercícios de morigeração a seu próprio benefício, transferindo ou aproximando o momento da libertação dos males que o afligem.

A consciência da responsabilidade oferece ao homem a filosofia ideal do dever e do amor.

Respeito à vida com perfeita integração no espírito da vida — eis a rota a palmilhar.

Serviço como norma de elevação e renúncia em expressão de paz interior.

Servindo, o homem adquire superioridade, e, doando-se, conquista liberdade e paz.

Nem posse excessiva nem necessidade escravizante.

Nem o poder escravocrata nem a indiferença malsinante.

O amor e a caridade como elevadas expressões do sentimento e da inteligência, conduzindo as aspirações do espírito, que tem existência eterna, indestrutível, sobrevivendo à morte e continuando a viver, retornando à carne e prosseguindo em escala ascensional, na busca ininterrupta da integração no concerto sublime do Cosmo, livre de toda dor e toda angústia, da sombra e da roda das reencarnações inferiores, feliz, enfim!

~

Estudo e meditação

Pode o homem gozar de completa felicidade na Terra?
Não, por isso que a vida lhe foi dada como prova ou expiação. Dele, porém, depende a suavização de seus males e o ser tão feliz quanto possível na Terra.
(O livro dos espíritos, Allan Kardec. Questão 920.)

~

Em tese geral pode afirmar-se que a felicidade é uma utopia a cuja conquista as gerações se lançam sucessivamente, sem jamais lograrem alcançá-la. Se o homem ajuizado é uma raridade neste mundo, o homem absolutamente feliz jamais foi encontrado.
(O evangelho segundo o espiritismo,
Allan Kardec. Cap. V, item 20.)

18
Mediunidade

Conceito

Faculdade orgânica, a mediunidade se encontra, em quase todos os indivíduos, não constituindo patrimônio especial de grupos nem privilégio de castas; é inerente ao espírito que dela se utiliza, encarnado ou desencarnado, para o ministério do intercâmbio entre diferentes esferas de evolução. A mediunidade tem características próprias por meio das quais, quando acentuadas, facultam vigoroso comércio entre homens e Espíritos, entre as criaturas reciprocamente, bem como entre os próprios Espíritos.

O médium (do latim *medium*) é aquele que serve de instrumento entre os dois polos da vida: física e espiritual.

"Médium é o ser, é o indivíduo que serve de traço de união aos Espíritos, para que estes possam comunicar-se facilmente com os homens: Espíritos encarnados", conforme acentuou o Espírito Erasto, em memorável comunicação sobre a mediunidade dos animais, e inserta em *O livro dos médiuns*, capítulo XXII, item 236.

Todavia, entre os Espíritos já desencarnados médiuns também os há, que exercem o labor, facultando que Entidades de mais elevadas esferas possam comunicar-se com aqueles que se encontram na retaguarda da evolução, e recebam nesses encontros o auxílio, o impulso estimulador para, a seu turno, ascenderem.

Mais difundido o exercício da mediunidade por meio das comunicações dos desencarnados com os encarnados, tal faculdade se faz a porta por meio da qual se abrem os horizontes da imortalidade, propiciando amplas possibilidades para positivar a indestrutibilidade da vida, não obstante o desgaste da transitória indumentária fisiológica.

Natural, aparece espontaneamente, mediante constrição segura, na qual os desencarnados de tal ou qual estágio evolutivo convocam à necessária observância de suas leis, conduzindo o instrumento mediúnico a precioso labor por cujos serviços adquire vasto patrimônio de equilíbrio e iluminação, resgatando, simultaneamente, os compromissos negativos a que se encontra enleado desde vidas anteriores.

Outras vezes surge como impositivo provacional mediante o qual é possível mais ampla libertação do próprio médium, que, em dilatando o exercício da nobilitação a que se dedica, granjeia consideração e títulos de benemerência que lhe conferem paz.

Sem dúvida, poderoso instrumento pode converter-se em lamentável fator de perturbação, tendo em vista o nível espiritual e moral daquele que se encontra investido de tal recurso.

Não é uma faculdade portadora de requisitos morais. A moralização do médium libera-o da influência dos Espíritos inferiores e perversos, que se sentem, então, impossibilitados de maior predomínio por faltarem os vínculos para a necessária sintonia. Por isso, sendo um inato recurso do espírito, reponta em qualquer meio e em todo indivíduo, aprimorando-se ou se convertendo em motivo de perturbação ou enfermidade, de acordo com a direção que se lhe dê.

Desenvolvimento

Em todos os tempos a mediunidade revelou ao homem a existência do mundo espiritual, donde todos procedemos e para onde, após o fenômeno *morte*, todos retomamos.

Nos períodos mais primitivos da cultura ética da Humanidade, a mediunidade exerceu preponderante influência, porquanto, pelos sensitivos, nominados como *feiticeiros*, *magos*, *adivinhos* e mais tarde *oráculos*, *pítons*, *taumaturgos*, todos médiuns, contribuindo decisivamente na formação do clã, da tribo ou da comunidade em desenvolvimento, revelando preciosas lições que fomentavam o crescimento do grupo social, impulsionando-o na direção do progresso.

Nem sempre, porém, eram bons os Espíritos que produziam os fenômenos, o que redundava, por sua vez, demorados estágios na barbárie, no primitivismo dos que lhes prestavam culto...

À medida que os conceitos culturais e éticos evoluíam, a mediunidade experimentou diferente compreensão.

Nos círculos mais adiantados das civilizações orientais e logo depois greco-romana, a faculdade mediúnica lobrigou relevante projeção, merecendo considerável destaque nas diversas comunidades sociais do passado.

No entanto, com Jesus, o excelso médium de Deus, que favoreceu largamente o intercâmbio entre os dois mundos em litígio: o *espiritual* e o *material*, foi que a mediunidade recebeu o selo da mansidão e a diretriz do amor, a fim de se transformar em luminosa ponte, através da qual passaram a transitar os viandantes do corpo na direção da Vida abundante e os

Imortais retornando à Terra, em incessante permuta de informações preciosas e inspiração sublime.

O Cristianismo, nos seus primeiros séculos, desde a Ressurreição até o Concílio de Niceia[6] se fez um hino de respeito e exaltação à Imortalidade.

Depois, enflorescendo incontáveis apóstolos, encarregados de reacenderem as claridades da fé, a mediunidade foi a fonte inexaurível que atendia a sede tormentosa dos séculos, trazendo a "*água viva*" da Espiritualidade enquanto arderam as chamas da inquietação e do despotismo, destruindo esperanças, anatematizando, pervertendo ideais...

Os médiuns experimentaram duro cativeiro, demorada perseguição, e a mediunidade foi considerada maldição, exceção feita apenas a uns poucos *dotados* que receberam ainda em vida física compreensão e respeito de alguns raros espíritos lúcidos do seu tempo.

Desde que os intimoratos expoentes da Vida jamais recearam nortear o homem, utilizaram-se da mediunidade, às vezes, com o vigor da verdade exprobrando os erros e os crimes onde quer que se encontrassem. Todos aqueles, porém, que se encontravam equivocados em relação ao bem e à justiça, por ignorância ou propositadamente, ante a impossibilidade de silenciar o brado que lhes chegava do além-túmulo, providenciavam destruir os veículos, em inútil esforço de conseguirem apoio às irregularidades e intrujices de que se faziam servos submissos.

---

[6] Nota da autora espiritual: Concílio de Niceia — Primeiro concílio ecumênico, realizado no ano 325, na cidade de Constantinopla, que condenou a doutrina arianista, o livre exercício da mediunidade e outros pontos mantidos pelos cristãos primitivos, do que redundou constituir-se marco inicial da desagregação e decomposição do Cristianismo nas suas legítimas bases de que se fizeram paradigmas Jesus, os discípulos e os seus sucessores.

Hoje, porém, após a documentação kardequiana, inserta na Codificação, a mediunidade abandonou as lendas e ficções, os florilégios do sobrenatural e do miraculoso, superando as difamações de que foi vítima, para ocupar o seu legítimo lugar, recebendo das modernas ciências psíquicas, psicológicas e parapsicológicas o respeito e o estudo que lhe desdobram os meios, contribuindo com abençoados recursos de que a Psiquiatria se pode utilizar, como outros ramos das Ciências, para solucionar um sem-número de problemas físicos, emocionais, psíquicos, sociais que afligem a moderna e atormentada sociedade.

Conclusão

Ao exercício da mediunidade com Jesus, isto é, na perfeita aplicação dos seus valores a benefício da criatura, em nome da Caridade, é que o ser atinge a plenitude das suas funções e faculdades, convertendo-se em celeiro de bênçãos, semeador da saúde espiritual e da paz nos diversos terrenos da vida humana, na Terra.

Mediumato — eis o ápice do correto exercício da faculdade mediúnica em cuja ação o médium já não vive, antes, nele vive o Cristo insculpindo-lhe a felicidade sem jaça de que se adorna, em prol do mundo melhor por que todos laboramos.

∽

Estudo e meditação

Todo aquele que sente, num grau qualquer, a influência dos Espíritos é, por esse fato, médium. Essa faculdade é inerente ao homem; não constitui, portanto, um privilégio exclusivo.

Por isso mesmo, raras são as pessoas que dela não possuam alguns rudimentos. Pode, pois, dizer-se que todos são, mais ou menos, médiuns. Todavia, usualmente, assim só se qualificam aqueles em quem a faculdade mediúnica se mostra bem caracterizada e se traduz por efeitos patentes, de certa intensidade, o que então depende de uma organização mais ou menos sensitiva. É de notar-se, além disso, que essa faculdade não se revela, da mesma maneira, em todos.

(*O livro dos médiuns*, Allan Kardec. Item 159.)

∼

A mediunidade é coisa santa, que deve ser praticada santamente, religiosamente.

(*O evangelho segundo o espiritismo*, Allan Kardec. Cap. XXVI, item 10.)

19

Obsessão

Conceito

Distúrbio espiritual de longo curso, a obsessão procede dos painéis íntimos do homem, exteriorizando-se de diversos modos, com graves consequências, em forma de distonias mentais, emocionais e desequilíbrios fisiológicos.

Inerentes à individualidade que lhe padece o constrangimento, suas causas se originam no passado culposo, em cuja vivência o homem, desatrelado dos controles morais, arbitrariamente se permitiu consumir por deslizes e abusos de toda ordem, com o comprometimento das reservas de previdência e tirocínio racional.

Amores exacerbados, ódios incoercíveis, dominação absolutista, fanatismo injustificável, avareza incontrolável, morbidez ciumenta, abusos do direito como da força, má distribuição de valores e recursos financeiros, aquisição indigna da posse transitória, paixões políticas e guerreiras, ganância em relação aos bens perecíveis, orgulho e presunção, egoísmo nas suas múltiplas facetas são as fontes geratrizes desse funesto condutor de homens, que não cessa de atirá-los nos resvaladouros da loucura, das enfermidades portadoras de síndromes desconhecidas e perturbantes do suicídio direto ou indireto que traz novos agravamentos àquele que se lhe submete, inerme, à ação destrutiva.

Parasita pertinaz, a obsessão se constitui de toda ideia que se fixa de fora para dentro — como na hipnose, por sugestão consciente ou não, como pela incoercível persuasão de qualquer natureza a que se concede arrastar o indivíduo. Ou, de dentro para fora, pela dominadora força psíquica que penetra e se espraia, no anfitrião que a agasalha e sustenta, vencendo-lhe as débeis resistências.

Originária, às vezes, da consciência perturbada pelas faltas cometidas nas existências passadas, e ainda não expungidas — renascendo em forma de remorsos, recalques, complexos negativos, frustrações, ansiedades —, impõe o autossupliciamento, capaz, de certo modo, de dificultar novos deslizes, mas ensejando, infelizmente, quase sempre, desequilíbrios mais sérios...

Possuindo o homem os fatores predisponentes para o seu surgimento e fixação (os débitos exarados na mente espiritual culpada), faculta uma simbiose entre as mentes, encarnadas ou desencarnadas, mas de maior incidência na esfera entre o Espírito desatrelado do carro somático e o viandante da névoa carnal, constituindo tormento de larga expansão que, não atendido convenientemente, termina por atingir estados desesperadores e fatais.

Sendo, todavia, a *morte*, apenas um corolário da *vida*, em que aquela confirma esta, compreensível é que o intercâmbio incessante prossiga, não obstante a ausência da forma física. Viajando pelo perispírito, veículo condutor das sensações físicas na direção do Espírito e, vice-versa, mensageiro das respostas ou impulsos deste no rumo do soma, esse corpo semimaterial, depositário das forças impregnantes das células, constitui excelente campo plástico de que se utiliza a Lei para os imprescindíveis reajustes daqueles que, por distração ou falta de siso, desrespeito ou abuso, ambição ou impiedade se atrelaram às malhas da criminalidade.

O comércio mental funciona em regime de amplas perspectivas, seja no plano físico, seja nas esferas espirituais; ou reciprocamente.

Não sendo necessário o cérebro para que a mente continue o seu ministério intelectual, constituindo o encéfalo tão somente o instrumento de exteriorização física, mentes e mentes ligam-se e se desligam em conúbios contínuos, incessantes, muito mais do que seria de supor-se.

O que é normal entre os homens não muda após o decesso corporal.

Há sempre alguém pensando em outrem. O estabelecimento dos contatos como a continuidade deles é que podem dar curso aos processos obsessivos ou lenificadores, consoante seja a fonte emissora.

Por meio da Física Moderna, em ligeiro exame, podemos constatar que, à medida que a matéria foi perquirida, experimentou desagregação, até quase total extinção da ideia de estrutura.

Dos conceitos medievais aos hodiernos, há abismos de conhecimento, viandando da constituição bruta à quintessência. Em consequência, a Terra e tudo que nela se encontra ora se converte em ondas, raios, mentes, energias...

Da ideia simples, que insiste, perseverante, à fascinação estonteante, contínua, até a subjugação vencedora, a obsessão é, em nossos dias, o mais terrível flagelo com que se vê a braços a Humanidade...

Espocando em condições próprias, quais cogumelos bravos e venenosos, multiplica-se assustadoramente, conclamando-nos todos à terapêutica imediata, cuidadosa, e a medidas preventivas, inadiáveis, antes que os palcos do mundo se convertam em cenários nefandos de horror e desastre.

Desenvolvimento

A História é testemunha de obsessões cruéis.

Atormentados de todo porte desfilaram através dos tempos, vestindo indumentárias masculinas e femininas, em macabros festivais, desde as guerras sanguissedentas a que se entregavam às dominações mefíticas, cuja evocação produz estupor nas mentes desacostumadas à barbárie.

Não somente, todavia, nos recuados tempos do passado.

Não há muito, a Humanidade foi testemunha da fúria obsessiva dos apaniguados do racismo hediondo, que nos campos de concentração de diversas nações modernas praticaram os mais selvagens e frios crimes contra o homem e a sociedade, consequentemente contra Deus.

Isto porque a obsessão não se desenvolve somente nos chamados meios vis, em que imperam a ignorância, o primitivismo, o analfabetismo, os sofrimentos cruciais. Medra, também, e muito facilmente, entre os que são fátuos, os calculistas e imediatistas, neles desdobrando, em virtude das condições favoráveis da própria constituição espiritual, os *semens* da perturbação que já conduzem interiormente.

Estigma a pesar sobre cabeças coroadas, a medrar em berços de ouro e nácar, a fustigar conquistadores, a conduzir perversos, esteve nos fastos históricos aureolada de poder e ovacionada pela febre da loucura, condecorando homicidas e destruindo-os depois, homenageando bárbaros e destroçando-os, em voragens nas quais se consumiam, em espetáculos inesquecíveis pela aberração de que davam mostras.

Ferrete cravado em todos aqueles que um dia se mancomunaram com o crime, aparece nas mentes e corpos estiolados, arrebentando-se em expressões teratológicas dolorosas, exibindo as feridas da incúria e da alucinação.

Não apenas no campo psíquico a obsessão desarticulou, no passado, heróis e príncipes, dominadores e dominados, mas também nas execrações físicas de que não se podiam furtar os criminosos, jugulando-os às jaulas em que se fazia necessário padecerem para resgatar.

Hoje, em pleno século da tecnologia, em que os valores éticos sofrem desprestígio, em benefício dos valores sem valor, irrompe a obsessão caudalosa, arrastadora, arrancando o homem das estrelas para onde procura fugir, a fim de fixá-lo ao solo que pensa deixar e que se encontra juncado de cadáveres, maculado de sangue, decorrência de suas múltiplas e incessantes desídias.

Obsessão e Jesus

Ensinando mansuetude e renúncia, quando o mundo se empolgava nas luzes de Augusto; precedido pelos arregimentadores da paz e da concórdia, que mergulharam na carne para lhe prepararem o advento, Jesus viveu, todavia, os dias em que a força estabelecia as bases do direito e o homem era lacaio das paixões infrenes, vitimado pelas loucas ambições da prepotência e das guerras...

Embora as luzes do pensamento filosófico de então, espocarem em vários rincões, o ser transitava, ainda, das expressões da selvageria à civilidade, acobertado por vernizes tênues de cultura, em que o orgulho vão mantinha supremacia, dividindo as criaturas em castas e subcastas, a expensas de preconceitos muito enganosos.

A mensagem de amor de Jesus, no entanto, sobrepairou além e acima de todas as conceituações que chegaram antes, e a força do seu verbo, na exemplificação tranquila quão eloquente de que se fez expoente, abalou pouco a pouco os falsos alicerces da Terra, injetando estrutura salutar e poderosa sobre a qual ergue, há vinte séculos, o Reino da Plenitude...

Nunca se escutara voz que se lhe semelhasse. Jamais se ouviu canção que transfundisse tal esperança.

Outra vez não voltaria o murmúrio sublime de tão comovedora musicalidade...

Ninguém que fizesse o que Ele fez.

Nenhuma dádiva que suplantasse a que Ele distribuiu.

Pelo tanto que é, tornou-se também o Senhor dos Espíritos, penetrando os meandros das mentes obsidiadas e arrancando de lá as matrizes fixas, por meio das quais os Espíritos impuros se impunham àqueles que lhes estavam jugulados pelos débitos pesados do pretérito.

Não libertou, no entanto, os obsidiados sem lhes impor a necessidade de renovação e paz, por meio das quais encontrariam o lenitivo da reparação da consciência maculada pelas infrações cometidas. Nem expulsou, desapiedadamente, os cobradores inconscientes. Antes entregou-os ao Pai, a quem sempre exorava proteção, em inigualável atitude de humildade total.

Apesar disso, os que o cercavam, fizeram-se por diversas vezes instrumento de obsessões temporárias, a fim de que pudéssemos compreender, mais tarde, a nossa própria fragilidade, afastando assim pretensões e regimes de exceção.

Enérgico ou meigo, austero ou gentil, cônscio da sua missão, ensinou que a terapêutica mais poderosa contra obsessões e desgraças é a do amor, pela vivência da caridade, da renúncia e da autossublimação.

Prevendo o futuro de dores que chegaria mais tarde, facultou-nos o *Consolador* para que todos que "nele cressem não perecessem, mas tivessem a vida eterna".

Enquanto as luzes da cultura parecem esmaecidas pelo sexo em desconcerto, de que se utilizam os Espíritos infelizes para maior comércio com os homens; pelos estupefacientes e alucinógenos em báratro assustador, que facultam mais amplas possibilidades ao conúbio entre os Espíritos dos dois lados da vida; pela aflição na conquista da posse, que estimula o exercício exagerado de paixões de vário porte; pela fuga espetacular à responsabilidade, que engendra o desrespeito e acumplicia o homem às torpes vantagens da carne ligeira; pela desesperação do gozo de qualquer matiz, que abre as comportas do vampirismo destruidor, o *Consolador* chega lucilando ao mundo e acenando novos métodos de paz para os que sofrem, e esses sofredores somos quase todos nós.

Obsidiados, obsessões, obsessores!

Ei-los em toda parte, para quem os pode identificar.

Em arremedos de gozadores, padecem ultrizes exulcerações íntimas.

Sorrindo, têm a face em esgares.

Dominando, se revelam vencidos por incontáveis mazelas que brotam de dentro e se exteriorizam mais tarde em feridas purulentas, nauseantes...

Mais do que nunca, a oração do silêncio e a voz da meditação, no rumo da edificação moral, se fazem tão necessárias!

Abrir a mente à luz e o coração ao amor, albergando a família padecente dos homens, de que fazemos parte, é o impositivo do Cristo para todos os que creem e, especialmente, para os espiritistas, que possuímos os antídotos eficazes contra obsessões e obsessores, com o socorro aos obsidiados e seus perseguidores, sob a égide de Jesus.

Estudo e meditação

[...] *A palavra* obsessão *é, de certo modo, um termo genérico, pelo qual se designa esta espécie de fenômeno, cujas principais variedades são: a* obsessão simples, *a* fascinação *e a* subjugação.

(*O livro dos médiuns*, Allan Kardec. Item 237.)

~

Na obsessão, o Espírito atua exteriormente, com a ajuda do seu perispírito, que ele identifica com o do encarnado, ficando este afinal enlaçado por uma como teia e constrangido a proceder contra a sua vontade.

....

Na obsessão há sempre um Espírito malfeitor.

(*A gênese*, Allan Kardec. Cap. XIV. Itens 47 e 48.)

20
Sexo

Conceito

Os lexicógrafos conceituam o sexo como a "conformação particular do ser vivo que lhe permite uma função ou papel especial no ato da geração". Biologicamente, são os "caracteres estruturais e funcionais pelos quais um ser vivo é classificado como macho ou fêmea..."

A reprodução sexuada é condição inerente aos animais, e entre esses aos metazoários, sendo necessário particularizar como exceção alguns que são constituídos por organismos inferiores, cujos processos procriativos obedecem a leis especiais. Esse processo de reprodução entre os animais sexuados se dá, obedecendo à faculdade de elaboração de células próprias, tendo a Escola de Morgan, nas suas pesquisas, classificado e diferenciado as sexuais das somáticas, que são muito diferentes na constituição do organismo.

Fundamental na espécie humana para o "milagre" procriativo, é dos mais importantes fatores constitutivos da personalidade, graças aos *ingredientes* estimulantes ou desarmonizantes do equilíbrio, de que se faz responsável.

Considerando as consequências eugênicas, que o desbordar do abuso vem produzindo nas sucessivas gerações, pensam alguns estudiosos quanto à necessidade de ser aplicada a eutanásia nos "degenerados", a fim de evitar-se um "crepúsculo genético", incorrendo, consequentemente, na realização de um hediondo "crepúsculo ético" de resultados imprevisíveis. Isto, porque o sexo tem sido examinado, apenas, de fora para dentro, sem que os mais honestos pesquisadores estejam preocupados em estudá-lo de dentro para fora, o que equivale dizer: do espírito para o corpo.

Aferrados a crasso materialismo em que se fixam, não se interessam esses estudiosos pela observância das realidades espirituais, constitutivas da vida, no que incidem e reincidem, por viciação mental ou simples processo atávico, em relação aos cientistas do passado.

O sexo, porém, queira-se ou não, nas suas funções importantes em relação à vida, procede do espírito, cujo comportamento numa existência insculpe na vindoura as condições emocionais e estruturais necessárias à evolução moral.

Desdobramento

A princípio, considerado instrumento de gozo puro e simples, por meio do qual ocorria a fecundação sem maiores cuidados, passou, nas civilizações do pretérito, a campo de paixões exorbitantes, que, de certo modo, foram responsáveis pela queda de grandes impérios, cujos governantes e povos, alçados à condição máxima de dominadores, permitiram-se resvalar pelas rampas do exagero encarregado de corromper os costumes e hábitos, amolentando caracteres e sentimentos, que culminaram na desagregação das sociedades, que chafurdaram, então, em fundos fossos de sofrimento e anarquia.

Perseguido e odiado após a expansão da Igreja Romana, transformou-se em causa de desgraças irreparáveis, que por séculos sucessivos enlutaram e denegriram gerações.

Pelas suas implicações na emotividade humana, a ignorância religiosa nele viu adversário soez que deveria ser destruído a qualquer preço, facultando sucessivas ondas de crimes contra a Humanidade, crimes esses que ainda hoje constituem clamorosos abusos de que o homem mesmo se fez vítima inerme.

Cultivado, depois, passou pelo período do puritanismo, em que a moral experimentou conceituação aberrante e falsa, dando lugar a nefandos conúbios de resultados funestos.

A Sigmund Freud, sem dúvida, o insigne médico vienense, deve-se a liberação do sexo, que vivia envolto em tabus e preconceitos, quando se propôs examiná-lo com vigorosa seriedade, tentando penetrar-lhe as nascentes, por meio do comportamento histérico e normal dos seus pacientes, tendo em vista a necessidade de elucidar as incógnitas de larga faixa dos neuróticos e psicóticos que lhe enxameavam a clínica, e desfilavam, desfigurados, padecendo sofrimentos ultores nos manicômios públicos.

Lutando tenazmente contra a ignorância dos doutos e a estultície dos ignorantes, arrostando as consequências da impiedade e da má-fé da maioria aferrada ao dogmatismo chão e às superstições a que se vinculavam, teve o trabalho grandemente dificultado, vendo-se obrigado ao refúgio no materialismo, transferindo para a *libido* a responsabilidade por quase todos os problemas acerca da neurose humana. Graças a isso, passou a ver o sexo acerca, pecando, por ocasião da elaboração das leis da Psicanálise, pelo excesso de tolerância a respeito do comportamento sexual, no que classificou *inibições*, *frustrações*, *castrações* e *complexos* do homem como seus próprios problemas sexuais... Os cooperadores de Freud alargaram um pouco mais os horizontes da análise, sem, contudo, detectarem no espírito as nascentes das distonias emocionais das variadas psicopatias...

Com a Era Tecnológica, ante as novas realidades sociais, graças à "civilização de consumo", o sexo abandonou o recato, a pudicícia, para ser trazido à praça da banalização com os agravantes do grosseiro desgaste do seu valor real, num decorrente barateamento, incidindo na vida da comunidade ao impacto dos veículos de comunicação com o poder da sua ciclópica penetração, de maneira destruidora, aniquilante...

Elevado à condição de fator essencial em tudo, é agora razão de todos os valores, produzindo mais larga faixa de desajustados, enquanto se faz mais vulgar, mais mesquinho, mais brutalizado...

Problemas de exigência psiquiátrica, distonias de realidade esquizoide, gritando urgência de terapêutica especializada, defecções morais solicitando disciplina, educação e reeducação constituem manchetes da leviandade, como se fossem esses os reais processos da vida e a reflexão como o equilíbrio passassem a expressões de anomalia carecente de execração...

Transsexualismo e heterossexualidade expulsos dos porões sórdidos da personalidade humana doentia deixaram as salas hospitalares e os pátios dos frenocômios para os desfiles das ruas, acolitados por desenfreada sensualidade, por meio de cujos processos mais aumentam as vagas do desequilíbrio.

Incontestavelmente impressos nos painéis do psicossoma os comprometimentos morais em que o ser se emaranhou, estes impõem a necessidade da limitação, como presídio de urgência, no homossexualismo, no hermafroditismo, na frigidez e noutros capítulos da Patologia médica, nos casos dos atentados ao pudor, traduzindo todos eles o impositivo da Lei divina que convoca os infratores ao imperioso resgate, de modo a que se reorganizem nesta ou naquela forma, masculina ou feminina, a fim de moralizar-se, corrigir-se e não se corromper, mergulhando em processos obsessivos e alucinatórios muito mais graves, que logo mais padecerão...

Sexo e Espiritismo

Ante quaisquer problemas de ordem sexual, merece considerar-se a importância da vida, das leis de reprodução, contribuindo para o fortalecimento das estruturas espirituais na construção da paz interior de cada um.

Frustração, ansiedade, exacerbação, tormento, tendências inversas e aflições devem ser solucionados do espírito em processo de reajuste ao corpo em reparação.

Mediante a terapêutica da prece e do estudo, da aplicação dos passes e do tratamento desobsessivo, a par de assistência psicológica ou psiquiátrica correta, os que se encontram comprometidos com anomalias do corpo ou da emoção, recuperam a serenidade, reparam os tecidos ultrassensíveis do perispírito, reestruturando as peças orgânicas para a manutenção do equilíbrio na conjuntura reencarnatória.

A preservação da organização genésica na faculdade sublime das suas finalidades impõe-se como dever imediato para a lucidez do homem convocado ao erguimento do novo mundo de amor e felicidade a que se refere o Evangelho e o Espiritismo confirma, pelo bem a espalhar-se hoje por toda parte, repetindo a moral do Cristo, insubstituível e sempre atual.

~

Estudo e meditação

Que efeito teria sobre a sociedade humana a abolição do casamento?
Seria uma regressão à vida dos animais.
Qual das duas, a poligamia ou a monogamia, é mais conforme à Lei da Natureza?
A poligamia é lei humana cuja abolição marca um progresso social. O casamento, segundo as vistas de Deus, tem que se fundar na afeição dos seres que se unem. Na poligamia não há afeição real: há apenas sensualidade.
(*O livro dos espíritos*, Allan Kardec. Questões 696 e 701.)

~

Para ser mais exato, é preciso dizer que é o próprio Espírito que modela o seu envoltório e o apropria às suas novas necessidades; aperfeiçoa-o e lhe desenvolve e completa o organismo, à medida que experimenta a necessidade de manifestar novas faculdades; numa palavra, talha-o de acordo com a sua inteligência. Deus lhe fornece os materiais; cabe-lhe a Ele empregá-los. É assim que as raças adiantadas têm um organismo ou, se quiserem, um aparelhamento cerebral mais aperfeiçoado do que as raças primitivas. Desse modo igualmente se explica o cunho especial que o caráter do Espírito imprime aos traços da fisionomia e às linhas do corpo.
(*A gênese*, Allan Kardec. Cap. XI, item 11.)

21

Amor

Conceito

Múltiplas, através dos tempos, hão sido as conceituações do amor. Variando desde as exaltações grandiloquentes aos excelsos ideais da Humanidade, tem descido aos mais vis estágios da sensualidade desgovernada e criminosa.

Inspirando guerras de religião, como devotamento a Deus, ou levantando nações contra agressores infelizes, sua mensagem tem transitado das explosões bárbaras às culminâncias da santificação.

Para uns significa o alvo legítimo das nobres emoções do sentimento elevado; para outros, é impulso grotesco da carne, em conúbio com a ambição desatrelada e a posse insaciada.

Empédocles, por exemplo, motivado pela vitalidade poderosa do amor, definiu-o como a "força que preside à ordem no mundo", incidindo, sem dúvida, no conceito de que a Divindade é amor, enquanto a Criação resulta de um ato de amor.

Já Heráclito, desapercebido da transcendência do amor, informava que o amor tem como estímulo os contrastes, sem mais significativas consequências.

Sócrates, na sua doutrina *Maiêutica*, distinguia-o pela feição divina — aquela que reúne tudo e todos — e pela expressão vulgar — como corrupção, aquela que abastarda os homens e os vence inexoravelmente.

A doutrina *hedonista*, de Epicuro, não conseguiu situá-lo além das exigências de natureza fisiológica e sensual, animalizando-o apenas.

Zenão tornou-o pelo ideal de beleza, que engendra a força estoica da libertação dos sentidos mais grosseiros, elevando o ser.

Plutarco descobriu-lhe as exteriorizações em forma de paixão arrastadora como de fervor enobrecido.

Os modernos pensadores das linhas *utilitaristas*, os *sensualistas* e *existencialistas* reduzem-no ao apetite sexual, desconcertando o equilíbrio dos centros genésicos, e, estimulados pela ideia da *libido freudiana*, não fazem honesta distinção entre o fator eminentemente reprodutor no uso do sexo e a perversão do abuso, no prazer anestesiante das imposições glandulares.

Os santos, os heróis da abnegação, os apóstolos da Ciência, da Arte, do Humanismo e da Fé, no entanto, nele encontraram sempre o *élan* de enobrecimento e a força superior que os sustentaram nas ingentes batalhas que empreenderam pela beleza, pela vida, pelo progresso, pelo engrandecimento dos homens.

Jesus exalçou-o à maior culminância, lecionando-o pela vivência e assim reformulando os ideais e os conceitos éticos até então vigentes, conclamando a que todos se amassem, mesmo em relação com os inimigos e verdugos, por serem exatamente esses os mais carecentes da força persuasiva e poderosa do amor.

Com a dinâmica do amor, Ele revitalizou as esperanças humanas e inaugurou um reino ideal de paz e fraternidade, que, lentamente, vem dominando a Terra, fazendo desde agora antever-se a possibilidade de felizes e prósperos dias para todas as criaturas do futuro.

O amor, sem dúvida, é hálito divino fecundando a vida, pois que, sem o amor, a Criação não existiria.

Nos vórtices centrais do Universo o amor tem caráter preponderante como força de atração, coesão e repulsão que mantém o equilíbrio geral.

Desenvolvimento

Um estudo filosófico do amor apresenta-o sob dois aspectos a considerar: o que procede das tendências eletivas e o das inclinações domésticas. No primeiro grupo estão as expressões do ideal ou manifestações platônicas, o que dimana da razão, o sensual, o fisiológico... E no outro, os da consanguinidade, tais: o amor familial, o conjugal...

O amor por eleição procede das fontes íntimas do sentimento e se expressa na oscilação variável dos impulsos imediatos, desde a brutalidade, em que se exterioriza, animalizado, até às excelentes manifestações do fervor estético e estésico, em que se sublima, nas culminâncias da santidade.

Desse modo, mesmo quando enlouquecido, enseja experiência de aprimoramento, transitando do campo das formas para as rutilâncias da renunciação.

Assim, o egoísmo, que se traduz como amor ao próprio *eu*, é enfermidade de largo porte, em cujo campo medram problemas e desaires de complexidades diversas.

A ambição resulta do desconcerto do amor, que desvaira.

A calúnia traduz a loucura do amor.

A renúncia representa a sublimação do amor.

A fraternidade exterioriza o amor que se espraia.

A autodoação manifesta o amor que encontrou Deus e se oferece ao próximo.

Há sempre lugar e oportunidade para o elevado exercício do amor. Inserto no espírito por *herança divina*, revela-se a princípio como posse que retém, desejo que domina, necessidade que se impõe, a fim de agigantar-se, logo depois, em libertação do ser amado, compreensão ampliada, abnegação feliz, tudo fazendo por quem ama, sem imediatismo, nem tormento, nem precipitação. Sabe esperar, consegue ceder, lobriga entender sempre e sempre desculpar.

O amor é tudo. Resume-se em amar.

O trânsito das exteriorizações em que se expressa é caminho para as suas próprias culminâncias.

Jesus e Amor

Quantos precederam Jesus na condição de seus embaixadores, compreenderam-lhe o impositivo e alguns tentaram vivê-lo. Muitos que vieram depois, sob sua inspiração, conseguiram exemplificá-lo. Foi, porém, Ele quem o atingiu na mais pura exteriorização, fazendo de todas as suas horas, palavras, pensamentos e ações, atos de amor.

Grassando a hediondez da brutalidade, a se traduzir pela violência da força e mediante a vilania da corrupção, a vida de Jesus é uma resposta aos vencedores — vencidos em si mesmos, mantendo inalterada serenidade, com absoluto desinteresse pelas ilusões da transitoriedade física, de tal modo característica e real que reformulou o código vigente e reestruturou o pensamento dos dias porvindouros.

Amou os não amados sem se preocupar com os perseguidores dos fracos, fracos que também são em si mesmos.

Amou os vencidos sem recear os seus escravizadores, a seu turno escravos de outros senhores, que podem ser: paixões, posições ou engodos.

E quando instalou o primado do amor na Terra, deixou-se crucificar para adubar o solo das almas com o seu sacrifício, como a dizer que no amor se encontram o princípio e o fim de tudo e de todas as criaturas.

∽

Estudo e meditação

O amor e a caridade são o complemento da lei de justiça, pois amar o próximo é fazer-lhe todo o bem que nos seja possível e que desejáramos nos fosse feito. Tal o sentido destas palavras de Jesus: "Amai-vos uns aos outros como irmãos."
(*O livro dos espíritos*, Allan Kardec. Questão 886.)

∽

O amor é de essência divina e todos vós, do primeiro ao último, tendes, no fundo do coração, a centelha desse fogo sagrado. É fato, que já haveis podido comprovar muitas vezes, este: o homem, por mais abjeto, vil e criminoso, que seja, vota a um ente ou a um objeto qualquer viva e ardente afeição, à prova de tudo quanto tendesse a diminuí-la e que alcança, não raro, sublimes proporções.
(*O evangelho segundo o espiritismo*, Allan Kardec. Cap. XI, item 9.)

22
Moral

Conceito

Conjunto de regras que constituem os bons costumes, a Moral consubstancia os princípios salutares de comportamento de que resultam o respeito ao próximo e a si mesmo.

Decorrência natural da evolução, estabelece as diretrizes seguras em que se fundam os alicerces da civilização, produzindo matrizes de caráter que vitalizam as relações humanas, sem as quais o homem, por mais avançado nos esquemas técnicos, poucos passos teria conseguido desde os estados primários do sentimento.

Da constante necessidade de defender-se e defender as primeiras comunidades, ainda na fase agrária, surgiram as medidas ora restritivas, ora estimulantes entre os chefes e os subalternos e nas relações recíprocas dos indivíduos, do que resultavam produtivos empreendimentos e proveitosos aprestos no concerto de interesses. Da observação pura e simples, aglutinaram-se experiências que se transformaram, pouco a pouco, em regras para as trocas comerciais e os acertos políticos entre os diversos grupos, evoluindo para os costumes que se fixaram nas gerações sucessivas, em forma de leis e estatutos.

Impostas por uns, espontaneamente aceitas por outros, desprezadas por muitos, as diretrizes morais evoluíram e se transformaram em civilização e cultura, conduzindo às diversas formas de governo superior e à manutenção da ordem pelo indivíduo, em relação a outro, à comunidade, ao Estado e reciprocamente.

Dividida em teoria e prática, a primeira busca determinar o bem supremo, enquanto a outra se encarrega de expor os múltiplos deveres, que constituem os princípios práticos, basilares da vida. Observando suas regras o homem pratica o bem e evita o mal.

Desenvolvimento

À medida que a necessidade do crescimento comunitário fomentava o povoamento de novas terras, encorajando a organização social em bases de progresso, a Moral, a princípio arbitrária, depois racional e lógica, sempre esteve presente, sustentando a disciplina e, simultaneamente, tanto o equilíbrio individual como o coletivo, constituindo preocupação fundamental de pensadores e governos, para a preservação dos princípios conquistados a duras penas, nas experiências da evolução.

Somente a partir de Sócrates passou a Moral a ser considerada pela Filosofia.

Indubitavelmente muitas vezes a Moral esteve sujeita a hábeis guerreiros, que a submetiam aos próprios caprichos, da mesma forma que o pensamento padeceu não poucas aflições sob o predomínio de conciliábulos nefandos de odientos políticos que, ardilosos no manejo das situações, sabiam como manter-se, engendrando normas de tirania com que asfixiavam ou tentavam dominar os idealistas e filósofos, a fim de se manterem venais, na cúpula sempre transitória da governança.

A resposta, porém, da vida à dominação e à arbitrariedade é a pequena duração da organização humana fisiológica e o repúdio, quando não o desprezo da posteridade.

Muitos sofistas, aferrados à negligência, ainda hoje tentam desconsiderar as linhas da moralidade, confundindo-as com os preconceitos e as conveniências dos hábitos sociais, nem sempre, é verdade, relevantes ou enobrecidos, assoalhando que, em variando entre os muitos povos, a Moral é uma questão de opinião sem valor...

Todavia, em qualquer período em que o lar esteve sob o estigma da dissolução dos costumes, a sociedade se corrompeu e a civilização malogrou, consumida pelo desprestígio generalizado, dentro e fora das suas fronteiras, do que redundou o desaparecimento, malgrado o fastígio atingido, reduzindo-se a escombros, abatida pela guerra da dominação estrangeira, vencida que já estava pelo vírus da desordem interna...

Observando-se as conquistas do homem por meio do conhecimento, fácil é constatar-se que as regras morais são, também, medidas de higiene e saúde, com comprometimentos profundos nas atitudes e ações do próprio Espírito.

Sendo o homem um animal em evolução, a disciplina do instinto e o desdobramento dos recursos da inteligência, bem como a necessidade da preservação da vida, impõem, a princípio, a disciplina, depois, a lei e, por fim, a Moral, que se converte em nobilitante comportamento com que se liberta das constrições primitivas e se põe em sintonia com as vibrações sutis da Espiritualidade, para onde ruma na condição de Espírito imortal que é.

A história da Filosofia é uma constante busca de uma concepção otimista do mundo. E nesse capítulo a Moral é relevante.

De Hermes, com as suas asseverações espirituais, a Lao-tsé, de Confúcio, com os princípios da família e da sociedade fundamentando a Moral numa filosofia da Natureza, otimista, a Zoroastro e Maomé, na concepção dualista da vida, de Sócrates, Platão e Aristóteles com os conceitos políticos, morais e espirituais, às leis apresentadas por Moisés, em Jesus a Moral assume relevante proposição, que modifica a estrutura do pensamento humano e social, abrindo o campo a experiências vigorosas, em que medram as legítimas aspirações humanas, que transitam do poder da força para a força do amor...

Jesus se preocupa com a perfeição íntima, ética, intransferível, dos homens, conclamando-os a realizarem o "Reino de Deus" interiormente, numa elaboração otimista.

Conclusão

Certamente a moral cristã ainda não colimou os seus objetivos elevados, conquanto os vinte séculos passados. Todavia, diante dos esforços do Direito e da acentuada luta pacífica das organizações mundiais, a Moral, em diversas apreciações tornadas legais, sancionadas por governos e povos, atingirá, não obstante as dificuldades e transições do atual momento histórico, o seu fanal nos dias do porvir, propondo ao homem moderno, na moderação e na equidade, nos costumes corretos, aceitos pelo comportamento das gerações passadas, a vivência do máximo postulado do Cristo, sempre sábio e atual: "Fazer ao próximo o que desejar que este lhe faça", respeitando e respeitando-se, para desfrutar a consciência apaziguada e viver longos dias de harmonia na Terra, com felicidade espiritual depois da destruição dos tecidos físicos pelo fenômeno da morte.

~

Estudo e meditação

Que definição se pode dar da moral?
A moral é a regra de bem proceder, isto é, de distinguir o bem do mal. Funda-se na observância da Lei de Deus. O homem procede bem quando tudo faz pelo bem de todos, porque então cumpre a Lei de Deus.
Como se pode distinguir o bem do mal?
O bem é tudo que é conforme à Lei de Deus; o mal, tudo o que lhe é contrário. Assim, fazer o bem é proceder de acordo com a Lei de Deus. Fazer o mal é infringi-la.
(*O livro dos espíritos*, Allan Kardec. Questões 629 e 630.)

~

A virtude, no mais alto grau, é o conjunto de todas as qualidades essenciais que constituem o homem de bem. Ser bom, caritativo, laborioso, sóbrio, modesto, são qualidades do homem virtuoso. Infelizmente, quase sempre as acompanham pequenas enfermidades morais que as desornam e atenuam. Não é virtuoso aquele que faz ostentação da sua virtude, pois que lhe falta a qualidade principal: a modéstia, e tem o vício que mais se lhe opõe: o orgulho. A virtude, verdadeiramente digna desse nome, não gosta de estadear-se. Adivinham-na; ela, porém, se oculta na obscuridade e foge à admiração das massas [...].
(*O evangelho segundo o espiritismo*,
Allan Kardec. Cap. XVII, item 8.)

23

Educação

Conceito

A educação é base para a vida em comunidade, por meio de legítimos processos de aprendizagem que fomentam as motivações de crescimento e evolução do indivíduo.

Não apenas um preparo para a vida, mediante a transferência de conhecimentos pelos métodos da aprendizagem. Antes é um processo de desenvolvimento de experiências, no qual educador e educando desdobram as aptidões inatas, aprimorando-as como recursos para a utilização consciente, nas múltiplas oportunidades da existência.

Objetivada como intercâmbio de aprendizagens, merece considerá-la nas matérias, nos métodos e fins, quando se restringe à instrução. Não somente a formar hábitos e desenvolver o intelecto, deve dedicar-se à educação, mas, sobretudo, realizar um *continuum* permanente, em que as experiências por não cessarem se fixam ou se reformulam, tendo em conta as necessidades da convivência em sociedade e da autorrealização do educando.

Os métodos na experiência educacional devem ser consentâneos às condições mentais e emocionais do aprendiz. Em vez de se lhe impingir, por meio do processo repetitivo, os conhecimentos adquiridos, o educador há de motivá-lo às próprias descobertas, com ele crescendo, de modo que a sua contribuição não seja o resultado do "pronto e concluído", processo que, segundo a experiência de alguns, "deu certo até aqui".

Na aplicação dos métodos e escolha das matérias merece considerar as qualidades do educador, sejam de natureza intelectual ou emocional e psicológica, como de caráter afetivo ou sentimental.

Os fins, sem dúvida, estão além das linhas da escolaridade. Erguem-se como permanente etapa a culminar na razão do crescimento do indivíduo, sempre além, até transcender-se na realidade espiritual do porvir.

A criança não é um "adulto miniaturizado", nem uma "cera plástica", facilmente moldável.

Trata-se de um espírito em recomeço, momentaneamente em esquecimento das realizações positivas e negativas que traz das vidas pretéritas, empenhado na conquista da felicidade.

Redescobrindo o mundo e se reidentificando, tende a repetir atitudes e atividades familiares em que se comprazia antes, ou pelas quais sucumbiu.

Tendências, aptidões, percepções são lembranças evocadas inconscientemente, que renascem em forma de impressões atraentes, dominantes, assim como limitações, repulsas, frustrações, agressividade e psicoses constituem impositivos constritores ou restritivos — não poucas vezes dolorosos — de que se utilizam as leis divinas para corrigir e disciplinar o rebelde que, apesar da manifestação física em período infantil, é espírito relapso, mais de uma vez acumpliciado com o erro, a ele fortemente vinculado, em fracassos morais sucessivos.

Ao educador, além do currículo a que se deve submeter, são indispensáveis os conhecimentos da Psicologia infantil, das leis da reencarnação, alta compreensão afetiva junto aos problemas naturais do *processus* educativo e harmonia interior, valores esses capazes de auxiliar eficientemente a experiência educacional.

As leis da reencarnação quando conhecidas, penetradas necessariamente e aplicadas, conseguem elucidar os mais intrincados enigmas que defronta o educador no processo educativo, isto porque, sem elucidação bastante ampla, nem sempre exitosas, hão redundado as mais avançadas técnicas e modernas experiências.

A instrução é setor da educação, na qual os valores do intelecto encontram necessário cultivo.

A educação, porém, abrange área muito grande, na quase totalidade da vida. No período de formação do homem é pedra fundamental, por isso que ao instituto da família compete a indeclinável tarefa, porquanto pela educação, e não pela instrução apenas, se dará a transformação do indivíduo e consequentemente da Humanidade.

No lar assentam os alicerces legítimos da educação, que se trasladam para a escola que tem a finalidade de continuar aquele mister, de par com a contribuição intelectual, as experiências sociais...

O lar constrói o homem.

A escola forma o cidadão.

Desenvolvimento

A escola tradicional fundamentada no rigor da transmissão dos conhecimentos elaborava métodos repetitivos de imposição, mediante o desgoverno da força, sem abrir oportunidades ao aprendiz de formular as próprias experiências, mediante o redescobrimento da vida e do mundo.

O educador, utilizando-se da posição de semideus, fazia-se um simples repetidor das expressões culturais ancestrais, asfixiando as germinações dos interesses novos no educando e matando-as, como recalcando por imposição os sentimentos formosos e nobres, ao tempo em que assinalava irremediavelmente de forma negativa os que recomeçavam a vida física sob o abençoado impositivo da reencarnação.

Expunha-se o conhecimento, impondo-o.

Com a escola progressiva, porém, surgiu mais ampla visão, acerca da problemática da educação, e o educando passou a merecer o necessário respeito, de modo a desdobrar possibilidades próprias, fomentando intercâmbios experienciais em benefício de mais valiosa aprendizagem.

Não mais a fixidez tradicional, porém, os métodos móveis da oportunidade criativa.

Atualizada por meio de experiências de liberdade exagerada — graças à técnica da enfática da própria liberdade —, vem pecando pela libertinagem que enseja, porquanto, em se fundamentando em filosofias materialistas, não percebe no educando um espírito em árdua luta de evolução, mas um corpo e uma mente novos a armazenarem num cérebro em formação e desenvolvimento a herança cultural do passado e as aquisições do presente, com hora marcada para o aniquilamento, após a transposição do portal do túmulo...

Nesse sentido, conturbadas e infelizes redundaram as tentativas mais modernas no campo educacional, produzindo larga e expressiva faixa de jovens desajustados, inquietos, indisciplinados, quais a multidão que ora desfila, com raras exceções, a um passo da alucinação e do suicídio.

Inegavelmente, na educação a liberdade é primacial, porém, com responsabilidade, a fim de que as conquistas se incorporem nos seus efeitos ao educando, que os ressarcirá quando negativos, como os fruirá em bem-estares quando positivos.

Nesse sentido, nem agressão nem abandono ao educando. Nem severidade exagerada nem negligência contumaz. Antes, técnicas de amor, pela convivência digna, assistência fraternal e programa de experiências vívidas, atuantes, em tarefas dinâmicas.

Espiritismo e Educação

Doutrina eminentemente racional, o Espiritismo dispõe de vigorosos recursos para a edificação do templo da educação, porquanto penetra nas raízes da vida, jornadeando com o espírito através dos tempos, de modo a elucidar recalques, neuroses, distonias que repontam desde os primeiros dias da conjuntura carnal, a se fixarem no carro somático para complexas provas ou expiações.

Considerando os fatores preponderantes como os secundários que atuam e desorganizam os implementos físicos e psíquicos, equaciona como problemas obsessivos as conjunturas em que padecem os trânsfugas da responsabilidade, agora travestidos em roupagem nova, reencetando tarefas, repetindo experiências para a libertação.

A educação encontra no Espiritismo respostas precisas para melhor compreensão do educando e maior eficiência do educador no labor produtivo de ensinar a viver, oferecendo os instrumentos do conhecimento e da serenidade, da cultura e da experiência aos reiniciantes do sublime caminho redentor, pelos quais os tornam homens voltados para Deus, o bem e o próximo.

Estudo e meditação

> [...] A educação, convenientemente entendida, constitui a chave do progresso moral. Quando se conhecer a arte de manejar os caracteres, como se conhece a de manejar as inteligências, conseguir-se-á corrigi-los, do mesmo modo que se aprumam plantas novas. Essa arte, porém, exige muito tato, muita experiência e profunda observação [...].
>
> (O livro dos espíritos, Allan Kardec. Questão 917.)

> Desde pequenina, a criança manifesta os instintos bons ou maus que traz da sua existência anterior. A estudá-los devem os pais aplicar-se. Todos os males se originam do egoísmo e do orgulho [...].
>
> (O evangelho segundo o espiritismo, Allan Kardec. Cap. XIV, item 9.)

24
Família

Conceito

Grupamento de raça, de caracteres e gêneros semelhantes, resultado de agregações afins, a família, genericamente, representa o clã social ou de sintonia por identidade que reúne espécimes dentro da mesma classificação. Juridicamente, porém, a família se deriva da união de dois seres que se elegem para uma vida em comum, por meio de um contrato, dando origem à genitura da mesma espécie. Pequena república fundamental para o equilíbrio da grande república humana representada pela nação.

A família tem suas próprias leis, que consubstanciam as regras de bom comportamento dentro do impositivo do respeito ético, recíproco entre os seus membros, favorável à perfeita harmonia que deve vigorar sob o mesmo teto em que se agasalham os que se consorciam.

Animal social, naturalmente monogâmico, o homem, na sua generalidade, somente se realiza quando comparte necessidades e aspirações na conjuntura elevada do lar.

O lar, no entanto, não pode ser configurado como a edificação material, capaz de oferecer segurança e paz aos que aí se resguardam. A casa é a argamassa, os tijolos, a cobertura, os alicerces e os móveis, enquanto o lar é a renúncia e a dedicação, o silêncio e o zelo que se permitem àqueles que se vinculam pela eleição afetiva ou por meio do impositivo consanguíneo, decorrente da união.

A família, em razão disso, é o grupo de espíritos normalmente necessitados, desajustados, em compromisso inadiável para a reparação, graças à contingência reencarnatória. Assim, famílias espirituais frequentemente se reúnem na Terra em domicílios físicos diferentes, para as realizações nobilitantes com que sempre se viram a braços os construtores do mundo. Retornam no mesmo grupo consanguíneo os espíritos afins, a cuja oportunidade às vezes preferem renunciar, de modo a concederem aos desafetos e rebeldes do passado o ensejo da necessária evolução, da qual fruirão após as renúncias às demoradas uniões no mundo espiritual...

Modernamente, ante a precipitação dos conceitos que generalizam na vulgaridade os valores éticos, tem-se a impressão de que paira rude ameaça sobre a estabilidade da família. Mais do que nunca, porém, o conjunto doméstico se deve impor para a sobrevivência a benefício da soberania da própria Humanidade.

A família é mais do que o resultante genético... São os ideais, os sonhos, os anelos, as lutas e árduas tarefas, os sofrimentos e as aspirações, as tradições morais elevadas que se cimentam nos liames da concessão divina, no mesmo grupo doméstico em que medram as nobres expressões da elevação espiritual na Terra.

Quando a família periclita, por esta ou aquela razão, sem dúvida a sociedade está a um passo do malogro...

Histórico

Graças ao instinto gregário, o homem, por exigência da preservação da vida, viu-se conduzido à necessidade da cooperação recíproca, a fim de sobreviver em face das ásperas circunstâncias nos lugares onde foi colocado para evoluir. A união nas necessidades inspirou as soluções para os múltiplos problemas decorrentes do aparente desaparelhamento que o fazia sofrer ao lutar contra os múltiplos fatores negativos que havia por bem superar.

Formando os primitivos agrupamentos em semibarbárie, nasceram os pródromos das eleições afetivas, da defesa dos dependentes e submissos, surgindo os lampejos da aglutinação familial.

Dos tempos primitivos aos da civilização da Antiguidade oriental, os valores culturais impuseram lentamente as regras de comportamento em relação aos pais — representativos dos legisladores, personificados nos anciãos; destes para os filhos — pela fragilidade e dependência que sempre inspiram entre irmãos — pela convivência pacífica indispensável à fortaleza da espécie; ou reciprocamente entre os mais próximos, embora não subalternos ao mesmo teto, num desdobramento do próprio clã, ensaiando os passos na direção da família dilatada...

A Grécia, aturdida pela hegemonia militar espartana, não considerou devidamente a união familial, o que motivou a sua destruição, ressalvada Atenas, que, não obstante amando a arte e a beleza, reservava ao Estado os deveres pertencentes à família, facultando-a sobreviver por tempo maior, mas não lobrigando atingir o programa estético e superior a que se propuseram os seus excelentes filósofos.

A Roma coube essa indeclinável tarefa, a princípio reservada ao patriciado, e depois, por meio de leis coordenadas pelo Senado, que alcançaram as classes agrícolas, militares, artísticas e a plebe, facultando direitos e deveres que, embora as hediondas e infelizes guerras, se foram fixando no substrato social e estabelecendo os convênios que o amor sancionou e fixou como técnica segura de dignificação do próprio homem, no conjunto da família.

A Idade Média, caracterizada pela supremacia da ignorância, desfigurou a família com o impositivo de serem doados os filhos à Igreja e ao suserano dominador, entibiando por séculos a marcha do espírito humano.

Aos enciclopedistas foi reservada a grandiosa missão de, em estabelecendo os códigos dos direitos humanos, reestruturarem a família em bases de respeito para a felicidade das criaturas.

Todavia, a dialética materialista e os modernos conceitos sensualistas, proscrevendo o matrimônio e prescrevendo o amor livre, voltam a investir contra a organização familial por meio de métodos aberrantes, transitórios, é certo, mas que não conseguirão, em absoluto, qualquer triunfo significativo.

São da natureza humana a fidelidade, a cooperação e a fraternidade como pálidas manifestações do amor em desdobramento eficaz. Tais valores se agasalham, sem dúvida, no lar, no seio da família, onde se arregimentam forças morais e se caldeiam sentimentos na forja da convivência doméstica.

Apesar de a poliandria haver gerado o matriarcado e a promiscuidade sexual feminina, a poligamia, elegendo o patriarcado, não foi de menos infelizes consequências.

Segundo o eminente jurista suíço Bachofen, que procedeu a pesquisas históricas inigualáveis sobre o problema da poliandria, a mulher sentiu-se repugnada e vencida pela vulgaridade e abuso sexual, de cuja atitude surgiria o regime monogâmico, que ora é aceito por quase todos os povos da Terra.

Conclusão

A família, todavia, para lograr a finalidade a que se destina, deve começar desde os primeiros arroubos da busca afetiva, em que as realizações morais devem sublevar às sensações sexuais de breve durabilidade.

Quando os jovens se resolvem consorciar, impelidos pelas imposições carnais, a futura família já padece ameaça grave, porquanto, em nenhuma estrutura se fundamenta para resistir aos naturais embates que a união a dois acarreta, no plano do ajustamento emocional e social, complicando-se, naturalmente, quando do surgimento da prole.

Fala-se sobre a necessidade dos exames pré-nupciais, sem dúvida necessários, mas com lamentável descaso pela preparação psicológica dos futuros nubentes em relação aos encargos e às responsabilidades esponsalícias e familiares.

A Doutrina Espírita, atualizando a lição evangélica, descortina na família esclarecida espiritualmente a Humanidade ditosa do futuro promissor.

Sustentá-la nos ensinamentos do Cristo e nas lições da reta conduta, apesar da loucura generalizada que irrompe em toda parte, é o mínimo dever de que ninguém se pode eximir.

Estudo e meditação

Será contrário à Lei da Natureza o casamento, isto é, a união permanente de dois seres?
É um progresso na marcha da Humanidade.
(*O livro dos espíritos*, Allan Kardec. Questão 695.)

~

[...] Não são os da consanguinidade os verdadeiros laços de família, e sim os da simpatia e da comunhão de ideias, os quais prendem os Espíritos antes, durante e depois *de suas encarnações. Segue-se que dois seres nascidos de pais diferentes podem ser mais irmãos pelo Espírito, do que se o fossem pelo sangue* [...].
(*O evangelho segundo o espiritismo*,
Allan Kardec. Cap. XIV, item 8.)

25

Jesus

Circunstâncias

Após as contínuas vicissitudes experimentadas através dos tempos, a Casa de Israel se mantinha obstinada quanto ao regime de exceção que supunha merecer desfrutar entre as demais nações da Terra.

Não obstante os incessantes bafejos da Misericórdia divina, pela boca dos incontáveis profetas, os hebreus auguravam a plenitude celeste por meio da rígida ritualística terrena e dos preceitos humanos, granjeando, assim, supremacia para eles próprios de modo a tomarem as rédeas da hegemonia política das mãos arbitrárias dos *gentios*, assumindo-as depois, não menos arbitrariamente, eles mesmos...

Aqueles eram, portanto, sem dúvida dias de contrastes e paradoxos, sob quaisquer aspectos em que fossem considerados.

O antigo esplendor se apagara, embora a astúcia de Herodes, que se empenhava, por todos os meios, em manter-se no trono que fora negociado, a pesado tributo, com o Império Romano dominador. Em consequência, os valores éticos, desde há muito sem oportunidade de espraiarem o conceito *veneratio vitae*, das antigas tradições, ora renascido, eram manipulados a bel-prazer das circunstâncias, em que o absolutismo da força trabalhava esmagando as diretrizes do direito.

O homem, reduzido à expressão mais simples, significava o que valia no jogo arriscado das posições transitórias, cujas peças mudavam de lugar, conforme sopravam os ventos que as intrigas prolongadas produziam nos ouvidos dos astutos governantes.

Não apenas em Israel ocorria assim.

As cidades vencidas eram disputadas por ambiciosos árbitros argentários que logo as transformavam em espólios inermes, sob as garras da rapina irreversível, até a consumação pelo desfalecimento total.

Na Capital do Império, a voz das legiões assustava o Senado e, apesar das leis elaboradas no período do "divino" César — tão estroina e venal quanto poderoso soldado — permanecerem em vigor, Augusto assumira o poder em circunstâncias muito singulares e complexas...

Amante da paz, chegara ao trono após lutas cruentas e sanguinárias.

Esteta e frágil, prometera arrancar ao Egito Antônio e arrastá-lo galé até as escadarias do Senado, ante o delírio do povo, demonstrando força e audácia, o que não conseguiu em razão do nefário suicídio duplo que aquele e Cleópatra se impuseram, em fuga espetacular à responsabilidade.

Idealista, esmagara contínuas rebeliões que lavraram por toda parte.

Acoimado por enfermidades constritoras, no entanto, estimulou as Artes, a Filosofia, a Literatura, de tal forma que o seu foi o período áureo.

Apesar disso, padecia no lar terríveis flagícios morais que o martirizavam, tendo lenidas somente as ulcerações íntimas, quando se empolgava ante as massas deslumbradas que o ovacionavam, na tribuna de ouro a que assomava, nos inesquecíveis espetáculos públicos...

O mundo era, então, imensurável caldeira de aflições.

Os nobres ideais da Humanidade de todos os tempos vicejavam efemeramente, para logo sucumbirem.

O carro da guerra dizimava cidades inteiras e a ferocidade dos homens pouco diferia das expressões selvagens das feras.

Ao lado do poder externo destrutivo, o culto do prazer atingia expressões dantes não igualadas, nem sequer sonhadas.

O homem fossilizava-se, mantendo-se nos pauis da sensualidade, a repetir os espetáculos truanescos do passado com as motivações vis do presente.

A ambição do poder e da glória, da fortuna e do mando engendrava as facilidades para as exteriorizações da sensação nunca amainada.

Os governos tinham por motivação "dividir para imperar" e "possuir para gozar".

Aumentavam, no entanto, os desaires e frustrações, as penas e injunções da perversidade, porquanto somente as experiências decorrentes do amor e da ordem facultam paz, como propiciam entusiasmo sadio aos que lhe fazem culto de submissão e serviço.

O homem, todavia, estimulado pelas conquistas ultrajantes em que predominavam as manifestações do instinto, se permitia continuar nas insanas pelejas do ódio, da astúcia, da intriga, embora os imediatos malogros nos quais sucumbia.

De um lado, as inspirações divinas, por intermédio das *musas*, a se manifestarem nos sábios, nos artistas e filósofos conclamando à beleza, à cultura, à fé. E, simultaneamente, o fogo-fátuo da dominação guerreira, a arder por um dia para logo se consumir em treva densa, na qual as sombras do horror chafurdam no desespero inominável.

O instinto animal lutando por domínio e a inteligência sonhando pela fixação do sentimento e da razão.

O despotismo da força, no entanto, erigia os monumentos que fascinam e despertam a bajulação, o agrado e o engodo das fantasias céleres, mas anestesiantes e absorventes.

...Hoje, porém, ainda é quase assim.

A História se repete invariavelmente, até que os rios das lágrimas lavem todas as purulentas feridas que as paixões produzem, ensejando o nascer da saúde moral.

As grandes lições do passado não parecem ter ensinado às sucessivas gerações o indispensável à felicidade e à paz, de modo a que se evitassem contínuas, demoradas agonias, que se repetem exaustivas, demolidoras...

A moderna "revolução industrial" certamente modificou a técnica da economia universal e estatuiu novos códigos de moral. Simultaneamente, estimulou o relaxamento dos valores éticos e humanos, reduzindo o homem a condição mínima ante as conquistas da máquina.

Indubitavelmente, as mudanças se fazem necessárias, sem que, contudo, sejam destruídas ou subestimadas as aquisições-alicerces da evolução.

Talvez, vencido por incoercível angústia, foi que Voltaire declarou ser a História "uma coleção de crimes, loucuras e desgraças", olvidando as estruturas que arrancaram o homem, a duras penas, da animalidade à civilização.

E os exemplos de renúncia, de bondade, de abnegação e de sacrifício que salmodiam bênçãos em todos os fastos dos tempos?

...Também eram tormentosos aqueles dias.

Então, no fragor de mil angústias e cruentas lutas, no solstício do inverno do ano 1 a.C., nasceu Jesus.[7]

---

[7] Nota da autora espiritual: As opiniões históricas e da tradição variam. Os estudiosos da cronologia calculam que tal ocorrência se deu entre 4 e 8 a.C., o que afinal não é importante, em se considerando que o essencial é que Ele veio ter conosco.

A Nova Era

Incompreendido desde os primeiros instantes, a de Jesus é a vida dos feitos heroicos, da renúncia, do sacrifício e do supremo amor.

Anunciado pelos anjos e por eles assessorado, inaugurou desde o berço o período da humildade, em que a vitória do direito se faz legítima ante a prepotência da força.

Elegendo o bucolismo das paisagens verdejantes e a adusta aridez das montanhas, onde o horizonte visual se confunde a distância, entoou o hino mais estoico e nobre que jamais foi modulado na Terra, de tal modo que nenhum clamor conseguiu abafá-lo, ou qualquer tormenta logrou silenciá-lo.

Escolhendo a meditação, em profundos ensimesmamentos, nos quais mergulhava no oceano do pensamento divino, alimentava-se mais da oração de que toda hora se nutria do que do repasto material.

Dispondo de todos os recursos imagináveis, preferiu a simplicidade para assinalar a sua presença e mimetizar os que dele se acercavam, sem que o pudessem esquecer jamais.

Utilizando-se das expressões comuns, suas palavras adquiriram desconhecida vitalidade.

Preferindo a solidão, mas podendo arregimentar exércitos de fiéis servidores, apenas chamou doze companheiros de frágil estrutura cultural e moral, na aparência, para o ministério, modificando os conceitos humanos da Terra e reformulando as bases sociais, culturais e artísticas da Humanidade, desde então.

Jesus, o divino Sol!

Sem embargo, dialogou e conviveu com aqueles que se deixaram vencer pelos vis miasmas das iniquidades...

Não os censurou, nem os execrou.

Em momento algum os constrangeu ou os magoou.

Ofereceu-lhes mãos amigas, generoso concurso.

Fê-los entender e desejar o dealbar de novos dias de sol e paz, que passaram a anelar, lutando com acendrado esforço por consegui-los.

Sabia que dentre os seus, os escolhidos, havia o barro da fragilidade humana; entretanto, não os amou menos.

Conhecia o travo que deixa na alma as tentações e investiu os que dele se acercavam com recursos poderosos, a fim de pugnarem contra elas, apesar de não ignorar que nem sempre conseguiriam permanecer imunes sob tal guante.

Viveu cercado pela malícia de muitos e experimentou o acicate dos astuciosos, impertérrito, a serviço do Pai.

E amou sempre, incessantemente, por ser o amor a fonte inexaurível da vida.

Diante dos aparentemente grandes da Terra jamais se apequenou e ao lado dos pequenos não os sombreou com a sua grandeza, antes os levantou à categoria de amigos, à nobreza de irmãos.

Tinha a certeza da necessidade de ser imolado... A Terra exigia holocaustos, ainda. Doou-se com imperturbável serenidade.

Nenhuma queixa.

Solicitação alguma fez.

Traído, perdoou.

Abandonado, ligou-se ao Pai.

Conquanto todas as acres aflições experimentadas, retornou ao seio dos amigos atoleimados, ansiosos, saudosos, atestando para eles a excelência da imortalidade.

Seus ditos, seus feitos ora recordados e estudados, dão a eloquente dimensão da Nova Era que veio implantar, cujos alicerces são o hálito do amor e o pão da caridade.

Libertando as consciências da sombra do egoísmo, conseguiu romper a grilheta dos evos recuados, facultando às criaturas a verdadeira visão do mundo e da vida, o legítimo valor das coisas, dos objetos, das posições.

Sua mensagem de fraternidade igualou todos os homens, cujas diferenças estão nas indestrutíveis e inamovíveis conquistas do espírito imortal, em que o maior se faz servo do menor e o que possui se despoja para socorrer o que não conseguiu reter...

Enquanto as crianças, as mulheres, os velhos, os mutilados e os enfermos constituíam carga inútil, pesando na economia social, Ele inaugurava os dias da misericórdia e da esperança para todos.

Honrou a mulher, soerguendo-a da escravidão que padecia sob os abusos da masculinidade, sustentando-a nas suas aparentes limitações e santificando-a, graças à maternidade.

As crianças foram tomadas como símbolo de pureza.

A viuvez e a dor, sob qualquer disfarce, receberam o bálsamo do alento, da alegria e da oportunidade.

Não construiu um reino de mendigos — antigos potentados; de enfermos — anteriores estroinas da saúde; de atormentados — passados perseguidores; de vencidos — que vinham de vitórias mentirosas; do expurgo social — que antes ultrajava e corrompia —, mas plantou as bases da família universal legítima sem qualquer limite de fronteira, raça ou posição terrena.

Os pródromos da Nova Era nele começaram e se desenvolverão pelo futuro do tempo melhor.

Jesus e Espiritismo

Em face da decadência do pensamento cristão, mediante as naturais injunções humanas ao longo do tempo, deturpações estas esperadas e compreensíveis, em considerando o estágio evolutivo em que se encontrava o homem, Jesus prometeu o *Consolador*, que se encarregaria de restabelecer os ensinos na sua pureza primitiva e completar as necessidades intelectuais das criaturas, no período das investigações científicas e culturais.

Sob a sua direção, as "Vozes dos Céus" voltariam à Terra, a fim de consolar os homens e consolidar neles as aspirações libertadoras.

Sem o perigo de novas injunções negativas, porque o advento do Espírito de Verdade facultaria mais amplas possibilidades de intercâmbio entre as duas esferas da vida, a material e a espiritual, os Espíritos impediriam, no momento propício, as chãs turbações humanas que ameaçassem a sua inteireza doutrinária e moral.

O Espiritismo, portanto, veio restaurar o Cristianismo e o fato espírita fundamentou a existência de Jesus, repetindo na atualidade as realizações do pretérito, enquanto despiu das fantasias do miraculoso e do sobrenatural os eventos e realizações normais, inusitadas quanto legítimas.

Ao tempo em que sondas e naves espaciais se adentram pelo sistema solar, tentando decifrar-lhe alguns enigmas, e os observatórios radioastronômicos *escutam* o pulsar das estrelas, buscando a linguagem da vida nelas existente; enquanto instrumentos sensíveis penetram nas partículas infinitesimais, estudando-as e compreendendo a sua constituição, os Espíritos retornam, proclamando a experiência imortalista além da sepultura e a vida inteligente precedente ao berço, em sublime epopeia de inigualável grandeza para o ser humano.

Nem extinção do ser nem sofrimento perene para o Espírito.

Vida estuante, sim, metafelicidade, vida total!

Confirmando Jesus, Kardec consubstanciou o Paracleto.

Afirmando Kardec, Jesus, pelos Espíritos, voltou à Terra, a ampliar-lhe infinitamente os horizontes na direção das galáxias.

Jesus, o excelso rei solar!

Espiritismo, estrela fulgurante e sempre luminescente no mundo!

Estudo e meditação

Qual o tipo mais perfeito que Deus tem oferecido ao homem, para lhe servir de guia e modelo?
Jesus.
(*O livro dos espíritos*, Allan Kardec. Questão 625.)

Assim como Cristo disse: "Não vim destruir a Lei, porém, cumpri-la", também o Espiritismo diz: "Não venho destruir a lei cristã, mas dar-lhe execução." Nada ensina em contrário ao que ensinou o Cristo; mas desenvolve, completa e explica, em termos claros e para toda gente, o que foi dito apenas sob forma alegórica. Vem cumprir, nos tempos preditos, o que o Cristo anunciou e preparar a realização das coisas futuras. Ele é, pois, obra do Cristo, que preside, conforme igualmente o anunciou, à regeneração que se opera e prepara o Reino de Deus na Terra.
(*O evangelho segundo o espiritismo*, Allan Kardec. Cap. I, item 7.)

ESTUDOS ESPÍRITAS				
EDIÇÃO	IMPRESSÃO	ANO	TIRAGEM	FORMATO
1	1	1982	10.200	12,5x17,5
2	1	1982	10.200	12,5x17,5
3	1	1983	10.200	12,5x17,5
4	1	1987	10.000	12,5x17,5
5	1	1991	10.000	12,5x17,5
6	1	1995	10.000	12,5x17,5
7	1	1999	5.000	12,5x17,5
8	1	2006	1.000	12,5x17,5
8	2	2008	1.000	12,5x17,5
8	3	2009	500	14x21
9	1	2011	5.000	14x21
9	2	2013	3.000	14x21
9	3	2015	800	14x21
9	4	2015	1.000	14x21
9	5	2018	1.000	14x21
9	POD*	2021	POD	14x21
9	IPT**	2022	200	14x21
9	IPT	2023	150	14x21
9	IPT	2024	200	14x21
9	IPT	2024	250	14x21

*Impressão por demanda

**Impressão pequenas tiragens

O LIVRO ESPÍRITA

Cada livro edificante é porta libertadora.

O livro espírita, entretanto, emancipa a alma nos fundamentos da vida.

O livro científico livra da incultura; o livro espírita livra da crueldade, para que os louros intelectuais não se desregrem na delinquência.

O livro filosófico livra do preconceito; o livro espírita livra da divagação delirante, a fim de que a elucidação não se converta em palavras inúteis.

O livro piedoso livra do desespero; o livro espírita livra da superstição, para que a fé não se abastarde em fanatismo.

O livro jurídico livra da injustiça; o livro espírita livra da parcialidade, a fim de que o direito não se faça instrumento da opressão.

O livro técnico livra da insipiência; o livro espírita livra da vaidade, para que a especialização não seja manejada em prejuízo dos outros.

O livro de agricultura livra do primitivismo; o livro espírita livra da ambição desvairada, a fim de que o trabalho da gleba não se enviléça.

O livro de regras sociais livra da rudeza de trato; o livro espírita livra da irresponsabilidade que, muitas vezes, transfigura o lar em atormentado reduto de sofrimento.

O livro de consolo livra da aflição; o livro espírita livra do êxtase inerte, para que o reconforto não se acomode em preguiça.

O livro de informações livra do atraso; o livro espírita livra do tempo perdido, a fim de que a hora vazia não nos arraste à queda em dívidas escabrosas.

Amparemos o livro respeitável, que é luz de hoje; no entanto, auxiliemos e divulguemos, quanto nos seja possível, o livro espírita, que é luz de hoje, amanhã e sempre.

O livro nobre livra da ignorância, mas o livro espírita livra da ignorância e livra do mal.

Emmanuel[1]

---

1 Página recebida pelo médium Francisco Cândido Xavier, em reunião pública da Comunhão Espírita Cristã, na noite de 25 de fevereiro de 1963, em Uberaba (MG), e transcrita em *Reformador*, abr. 1963, p. 9.

O EVANGELHO NO LAR

Quando o ensinamento do Mestre vibra entre quatro paredes de um templo doméstico, os pequeninos sacrifícios tecem a felicidade comum.[1]

Quando entendemos a importância do estudo do Evangelho de Jesus, como diretriz ao aprimoramento moral, compreendemos que o primeiro local para esse estudo e vivência de seus ensinos é o próprio lar.

É no reduto doméstico, assim como fazia Jesus, no lar que o acolhia, a casa de Pedro, que as primeiras lições do Evangelho devem ser lidas, sentidas e vivenciadas.

O espírita compreende que sua missão no mundo principia no reduto doméstico, em sua casa, por meio do estudo do Evangelho de Jesus no Lar.

Então, como fazer?

Converse com todos que residem com você sobre a importância desse estudo, para que, em família, possam compreender melhor os ensinamentos cristãos, a partir de um momento de união fraterna, que se desenvolverá de maneira harmônica e respeitosa. Explique que as reflexões conjuntas acerca do Evangelho permitirão manter o ambiente da casa espiritualmente saneado, por meio de sentimentos e pensamentos elevados, favorecendo a presença e a influência de Mensageiros do Bem; explique, também, que esse momento facilitará, em sua residência, a recepção do amparo espiritual, já que auxilia na manutenção de elevado padrão vibratório no ambiente e em cada um que ali vive.

Convide sua família, quem mora com você, para participar. Se mora sozinho, defina para você esse momento precioso de estudo e reflexões. Lembre-se de que, espiritualmente, sempre estamos acompanhados.

Escolha, na semana, um dia e horário em que todos possam estar presentes.

O tempo médio para a realização do Evangelho no Lar costuma ser de trinta minutos.

---

[1] XAVIER, Francisco Cândido. *Luz no lar*. Por Espíritos diversos. 12. ed. 7. imp. Brasília: FEB, 2018. Cap. 1.

As crianças são bem-vindas e, se houver visitantes em casa, eles também podem ser convidados a participar. Se não forem espíritas, apenas explique a eles a finalidade e importância daquele momento.

O seguinte roteiro pode ser utilizado como sugestão:

1. Preparação: leitura de mensagem breve, sem comentários;
2. Início: prece simples e espontânea;
3. Leitura: *O evangelho segundo o espiritismo* (um ou dois itens, por estudo, desde o prefácio);
4. Comentários: breves, com a participação dos presentes, evidenciando o ensino moral aplicado às situações do dia a dia;
5. Vibrações: pela fraternidade, paz e pelo equilíbrio entre os povos; pelos governantes; pela vivência do Evangelho de Jesus em todos os lares; pelo próprio lar...
6. Pedidos: por amigos, parentes, pessoas que estão necessitando de ajuda...
7. Encerramento: prece simples, sincera, agradecendo a Deus, a Jesus, aos amigos espirituais.

As seguintes obras podem ser utilizadas nesse momento tão especial:

- *O evangelho segundo o espiritismo*, como obra básica;
- *Caminho, verdade e vida*; *Pão nosso*; *Vinha de luz*; *Fonte viva*; *Agenda cristã*.

Esse momento no lar não se trata de reunião mediúnica e, portanto, qualquer ideia advinda pela via da intuição deve permanecer como comentário geral, a ser dito de maneira simples, no momento oportuno.

No estudo do Evangelho de Jesus no Lar, a fé e a perseverança são diretrizes ao aprimoramento moral de todos os envolvidos.

FEB editora
Livro espírita para um novo mundo
www.febeditora.com.br
@febeditoraoficial
@febeditora

Conselho Editorial:
Carlos Roberto Campetti
Cirne Ferreira de Araújo
Evandro Noleto Bezerra
Geraldo Campetti Sobrinho – Coord. Editorial
Jorge Godinho Barreto Nery – Presidente
Maria de Lourdes Pereira de Oliveira
Miriam Lúcia Herrera Masotti Dusi

Produção Editorial:
Elizabete de Jesus Moreira

Revisão:
Maria Flavia dos Reis
Paula Lopes

Capa, Projeto Gráfico e Diagramação:
Paulo Márcio Moreira

Normalização Técnica:
Biblioteca de Obras Raras e Documentos Patrimoniais do Livro

Esta edição foi impressa no sistema de Impressão pequenas tiragens, em formato fechado de 140x210 mm e com mancha de 100x170 mm. Os papéis utilizados foram o Off white 80 g/m^2 para o miolo e o Cartão 250 g/m^2 para a capa. O texto principal foi composto em fonte ITC Bookman Light 9,5/13,9 e os títulos em BakerSignet BT 26/28. Impresso no Brasil. *Presita en Brazilo.*